やりたいことがスッキリわかる

新版

社会保険・労働保険

の届け出と事務手続き

特定社会保険労務士
多田智子

ソーテック社

総務担当者の心得 〜実務向上のポイント〜

社会保険の手続きはコツさえ覚えれば簡単！ すぐできる！ おもしろい！
実はとても専門性の高いお仕事で視野が広くなる！

こんなことを伝えたくてこの本を「創り」ました。

そうです。「書きました」ではなく「創りこんだ」のです。

総務担当者になってはじめて社会保険の手続きを任されたとき、役所のパンフレットを見て必死に申請書を書こうとするでしょう（誤字脱字に気をつけながら）。

いえいえ、実際は、そこはポイントではありません。

はじめて社会保険の手続きを任されたときの光景は…

❶ 申請書類を準備

❷ とりあえずわかるとこから書いてみる

❸ あれ？ 見本のようにすべてが埋まらない！ （あせり）

❹ 従業員に必要情報、必要書類をお願いする

❺ ❶からやり直して ➡ バタバタと役所へ申請

ベテラン総務になると…

❶ 従業員に必要情報、必要書類をお願いする（要件を確認する）

❷ 申請書類を準備

❸ さくさく書いて

❹ 添付書類を付けて役所へ

    ➡ 戻ってきた書類は会社保管と従業員配布に分けて処理

こうなると完璧です。しかし、書店を探しても実際に業務を行うためのフローチャートになっていて、前準備や戻ってきた書類をどう扱うかまで記載している本はないものです。

そこで今回は、はじめて社会保険手続きを行う人でもすいすい事務が進む、手順のフローチャートにとことんこだわりました。その横には、社会保険の基礎的な知識が書いてあるので必ず読んでくださいね。

そして、総務には実務的にはもう１つミッションがあります。それは「従業員からの素朴な質問にわかりやすく回答する」です。従業員は役所のパンフレットに書いてあることよりも素朴な質問を投げかけてきます。そんなときでも大丈夫！ 手続きごとに従業員から聞かれそうなQ&Aが掲載されています。またONE POINTにもまめ知識を散りばめました。

この本を読みながらお仕事をすることで、社会保険の奥の深さ、従業員の社会保険の手続きをする仕事の重要性を感じてほしいと切に願っています。手続きに思いやりが込められている……これが、私が考える社会保険手続きの基本です。

多 田 智 子

本書の使い方

本書は基本的に、ステップ、解説、記入見本、Q&Aの4要素で構成されています。
1頁目から読み進めると手続きの流れがわかるようになっています。
次頁からの解説で、手続きの全体像をつかむことができます。
各章の扉にも章ごとのマップを掲載しています。

タイトル
従業員および会社の状況によって発生する手続きをわかりやすく示しています。

キーワード①
どの保険にかかわる内容かアイコンですぐわかります。

キーワード②
パラパラめくる中で、気になる単語がパッと探せます。

Step
手続きの流れをわかりやすく示しています。

Step1：手続きに必要な添付書類は何が必要？
Step2：どの申請書に書けばいいの？
Step3：どこへ、いつまでに提出するの？
Step4：手続き終了後に返却された書類は、
　　　　会社で保管するの？従業員に渡すの？

解　説
手続きに必要な知識や要件などを詳細に説明しています。

ONE POINT
用語解説や、より難易度の高い事項や詳細な事項をまとめています。

記入見本
間違いやすい記入箇所を中心に説明しています。

Q&A
実務上よくある質問についてQ&A方式で示しています。
従業員からの質問にも迅速に回答できます。

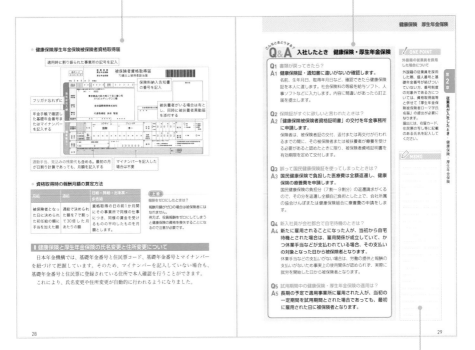

１頁目のフローチャートで、今やろうとしている手続きや届け出の流れをしっかり追いかけてくださいね。

MEMO
空いているところは、実作業をしながら気になったことやメモにお使いください。

社会保険手続きの全体マップ

	労災	雇用保険	健康保険 厚生年金保険
会社を 設立したとき	保険関係成立届 概算・増加概算・確定保険料 申告書 労働保険 適用事業報告	雇用保険 適用事業所設置届 資格取得届	新規適用届（任意適用申請書） 資格取得届 被扶養者（異動）届
従業員が入社 したとき		資格取得届	資格取得届 被扶養者（異動）届
結婚したとき			被扶養者（異動）届 国民年金 第3号被保険者届 氏名変更届
氏名を 変更するとき		氏名変更届	氏名変更（訂正）届
住所を 変更するとき			住所変更届
従業員が出産 したとき			出産手当金支給申請書 出産育児一時金支給申請書 被扶養者（異動）届
育児休業に 入るとき		育児休業給付金支給申請書	育児休業等取得者申出書
育児休業が終 了したとき			育児休業等取得者終了届 養育期間標準報酬月額特例申出書 育児休業終了時報酬月額変更届
従業員が私傷 病で働けない とき			傷病手当金 高額療養費

	労災	雇用保険	健康保険 厚生年金保険
労災が発生したとき	療養補償給付たる療養の給付請求書 休業補償給付支給請求書 労働者死傷病報告		
従業員が60歳になったとき		雇用保険被保険者六十歳到達時等賃金証明書 高年齢雇用継続給付支給申請書	《定年再雇用の場合》 資格喪失届 資格取得届 被扶養者（異動）届
従業員が退職するとき		資格喪失届	資格喪失届
退職後に健康保険を継続するとき			任意継続被保険者資格取得申出書

年間スケジュール

	労災	雇用保険	健康保険 厚生年金保険
4月			介護保険料率および 健康保険料率の改定の確認
6月	労働保険料年度更新 一括有期事業年度更新	労働保険料年度更新	賞与支払届
7月	労働保険料第1期分納付期限		算定基礎届 4月昇給による月額変更届
10月	労働保険料第2期分納付期限		厚生年金保険料率の改定の確認
12月			賞与支払届
1月	労働保険料第3期分納付期限		

※一括される有期事業を開始したときは、有期事業開始の翌月10日までに一括有期事業開始届を提出します。
※賞与支払届は原則として賞与支払日から5日以内に提出するので、6月、12月以外でも提出することがあります。

目次

第 **1** 章	**はじめに** 社会保険の基礎知識

第 **2** 章	**入社に必要な健康保険・厚生年金保険** 健康保険・厚生年金保険

第10章 従業員がケガ・病気になったら
健康保険

付 録　必携！ 各種手続き お役立ちチェックシート
＋文書集

60歳到達（継続雇用時）のチェックシート／従業員が結婚したときのチェックシート
出産・育児休業時チェックシート／退職手続きチェックシート
入社手続きチェックシート／扶養手続きチェックシート
住所・氏名・生年月日変更チェックシート／結婚にあたり必要な書類のご案内
60歳到達（継続雇用時）による手続きに必要な書類のご案内
従業員情報変更にあたり必要な書類のご案内／出産・育児休業に必要な書類のご案内
入社手続きに必要な書類のご案内／退職手続きに必要な書類のご案内
扶養異動手続きに必要な書類のご案内

第1章

はじめに
社会保険の基礎知識

01 社会保険・労働保険の全体像

日本における社会保険制度は、年金保険、健康保険、介護保険、雇用保険及び労働者災害補償保険などがあります。

これらは職場で加入する保険として、労働保険と社会保険とに大きく分けられます。また、労働保険は雇用保険と労働者災害補償保険（労災）、社会保険は健康保険、介護保険、厚生年金保険の保険制度に分けられます。

▮ 社会保険の概要

保険制度		支給事由	保険料負担
労働保険	労災保険	業務災害・通勤災害における負傷、疾病又は死亡等	事業主
	雇用保険	失業、就職促進、教育訓練、雇用継続、育児・介護休業等	事業主及び被保険者
社会保険	健康保険	業務災害・通勤災害以外による傷病等	事業主及び被保険者
	介護保険	要介護状態・要支援状態に該当する場合	
	厚生年金保険	老齢、障害、死亡等	

▮ 労働保険と社会保険の届け出先

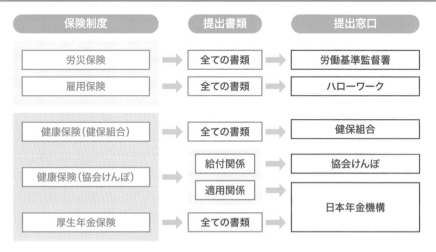

02 社会保険とマイナンバー

マイナンバーは、社会保障、税、災害対策の分野で効率的に情報を管理し、複数の機関が保有する個人の情報が、同一人の情報であることを確認するために活用されます。平成28年1月から、マイナンバーが使われるようになりましたが、重要な個人情報が集約されるため、その取扱いは法律で厳重に定められています。

▍マイナンバーの提出と確認方法について

マイナンバーの取扱いについては、会社には漏洩、滅失等の防止のために適正な安全管理が求められます。また、マイナンバーの利用は、社会保険、労働保険、福祉分野の社会保障、税、災害対策の法律で定められた目的に限定されています。なお、マイナンバーの取得の際には、その利用目的を明示し、身元確認と番号確認をしなければなりません。

▍マイナンバー利用の取扱い事務について

❶ 雇用保険の届出事務
❷ 健康保険・厚生年金保険の届出事務（国民年金第3号被保険者関係届出事務を含む）
❸ 給与所得・退職所得に係る源泉徴収等に関する事務（給与支払報告書も含む）

　なお、雇用保険は、平成30年5月以降は原則として個人番号を記載の上、届出を行う必要があります。一方、社会保険は、年金番号の届出でも可能になります。

▍マイナンバー取得時の確認書類について

❶番号確認			❷身元確認書類
❶個人番号カード（マイナンバーカード）			※番号確認・身元確認書類は個人番号カード1枚で可能になります。
マイナンバーカードなし	公的書類ありの写真付きの	❷次の書類のうちいずれか1つ ・通知カード ・個人番号が記載された住民票の写し ・住民票記載事項証明書	❷次の書類のうちいずれか1つ 運転免許証、運転経路証明書、旅券、身体障害者手帳、療育手帳、在留カード、特別永住者証明書
	公的書類なしの写真付きの	❸次の書類のうちいずれか1つ ・通知カード ・個人番号が記載された住民票の写し ・住民票記載事項証明書	❸次の書類のうちいずれか2つ 各種健康保険被保険者証、年金手帳、住民票または住民票記載事項証明書、印鑑証明書、児童扶養手当証書又は、特別自動扶養手当証書、年金支払通知書、官公署等発行の身分証明書等

03 労働保険・社会保険の適用事業所

労働保険・社会保険の適用事業所は、各制度によって適用する要件が異なります。法人・個人事業主を問わず、適用される制度もあれば、特定の業種に該当する個人事業主は任意加入となる等、様々な要件が定められています。

▌労働保険・社会保険の適用事業所

▌労働保険の適用事業所

労働保険は、労働者を雇用していれば、法人・個人事業主を問わず強制適用事業所となります。ただし、常時使用する労働者数が一定の人数に満たない農林水産業の個人事業主に限り、加入は任意となります。

▌社会保険の適用事業所

健康保険・厚生年金保険は、1人でも給与が支払われている役員・従業員がいれば、法人の事業所は全て強制加入となります。また、法定16業種に該当する事業所は、常時5人以上の従業員を使用する場合は、加入しなければなりません。法定16業種に該当しない個人事業主は労働者が何人であっても任意加入となります。

	事業形態	業種	労働者数
労災保険	個人事業主	農林水産業	年間延300人以上
		上記以外の業種	1人以上
	法人	全業種	1人以上
雇用保険	個人事業主	農林水産業	5人以上
		上記以外の業種	1人以上
	法人	全業種	1人以上
社会保険	個人事業主	法定16業種	5人以上
	法人	全業種	1人以上（役員のみも含む）

社会保険の任意加入

社会保険の強制加入ではないサービス業等の個人事業主であっても、被保険者の要件を満たす労働者の半数以上が同意すれば、社会保険任意加入することができます。

なお、厚生労働大臣の認可を受けて適用事業所となった後は、要件を満たせば同意しなかった労働者を含め被保険者となります。

ただし、個人事業主本人については、被保険者になることはできません。

特定適用事業所・任意特定適用事業所

特定適用事業所とは、健康保険・厚生年金保険の被保険者数が、1年で6か月以上、企業単位で被保険者数が500人を超える企業等をいいます。

任意特定適用事業所とは、被保険者数が500人以下で労使合意に基づき、申出をした企業等をいいます。

これらの事業所に該当するに至った場合は、以下の要件を満たすことで労働者は社会保険に加入することができます。

短期間労働者に対する社会保険の適用拡大

労働時間や労働日数が正社員の4分の3未満で従来は社会保険の加入条件を満たさなかったパート等の短時間労働者も❶〜❹の要件を満たす場合、健康保険・厚生年金保険に加入できます。

❶ 週の所定労働時間が20時間以上であること
❷ 雇用期間が1年以上見込まれること
❸ 賃金の月額が8.8万円以上であること
❹ 学生でないこと

MEMO

（次頁に続く）　21

特定適用事業所に該当する可能性がある場合について

使用される被保険者の総数が直近11か月のうち、5か月500人を超えたことを日本年金機構が確認できた場合、「施行日に特定適用事業所に該当する旨のお知らせ」が送付されます。なお、届出がなされない場合であっても、日本年金機構で把握している人数が、直近1年のうち6か月以上、500人を超えていたことが確認された場合には、6か月目として500人超が確認された月の翌月の1日から、特定適用事業所とし、その旨を事業所に対して通知されます。

▌短時間労働者等の社会保険の加入基準の整理

501人以上規模	500人以下規模	
特定適用事業所	任意特定適用事業所	通常の適用事業所
週の所定労働時間や所定労働日数が4分の3以上	週の所定労働時間や所定労働日数が4分の3以上	週の所定労働時間や所定労働日数が4分の3以上
❶週の所定労働時間が20時間以上であること ❷雇用期間が1年以上見込まれること ❸賃金の月額が8.8万円以上であること ❹学生でないこと	❶週の所定労働時間が20時間以上であること ❷雇用期間が1年以上見込まれること ❸賃金の月額が8.8万円以上であること ❹学生でないこと	

改正予定：2022年10月に101人以上規模、2024年10月に51人以上規模の企業までが対象となることが決まっています。

短時間労働者の社会保険は段階的に適用が拡大されて、2024年10月からは、従業員51人以上の企業まで拡大されます。

04 労働保険・社会保険の被保険者の整理

労働保険・社会保険の被保険者は、各制度によって加入要件が異なります。労働者全員が加入する制度もあれば、労働時間や労働日数によって加入要件が異なる等、様々な要件が定められています。

労働保険・社会保険の被保険者資格の整理

労働保険の被保険者資格

労災保険は労働者であれば全員対象となります。一方、雇用保険は、国内の適用事業所で雇用され、労働契約で定めた労働時間が20時間以上で、31日以上雇用されることが見込まれる場合は、原則として被保険者となります。

社会保険の被保険者資格

健康保険・厚生年金保険は、適用事業所の常勤役員と正社員は全員被保険者となります。パートタイマー等の短時間労働者についても、週の所定労働時間や所定労働日数が4分の3以上であれば被保険者となることができます。なお、一定の要件を満たせば、**短期間労働者に対する社会保険の適用拡大**があります。

ONE POINT

兼業している労働者について

兼業等により、他社で雇用保険に加入している場合は、雇用保険に加入することはできません。
労働保険では、多様な働き方を選択する方やパート労働者等で複数就業している方が増えている等、兼業等を取り巻く状況の変化を踏まえ、労働者が安心して働くことができるような環境を整備する観点から、全ての就業先の賃金額を合算した額を基礎として、保険給付額を決定されるようになりました。
（2020年9月改正）

契約関係	雇用保険	健康保険 厚生年金保険
役員	原則、**加入不可** 労働者性の強い使用人兼務役員は**必須**	**必須** 無報酬の役員、非常勤役員は**加入不可**
正社員	**必須**	**必須**
正社員以外	所定労働時間が20時間以上かつ31日以上の雇用の継続が見込まれる場合は加入可	週所定労働時間と月所定労働日数が正社員の4分の3以上であれば**必須**
学生	通信、夜間、休学中等の要件を除き**加入不可**	労働時間等の要件を満たせば**必須** 特定適用事業所等の短時間労働者は**加入不可**

MEMO

（次頁に続く） 23

▌会社役員の労災保険と雇用保険

　取締役等の会社役員は、労働者ではないため、原則として労働保険の対象外となります。ただし、兼務役員等の就労実態・賃金等が他の労働者と同様と認められる者は、労災保険や雇用保険の対象となることがあります。

　なお、この場合は『雇用実態証明書』にその実態を証明する書類を付けて、ハローワークに提出します。

> 会社役員も兼務役員で労働者的性格が強い場合は、その証明をすることで雇用保険に入れることがあります。

第2章

入社に必要な
健康保険・厚生年金保険

健康保険・厚生年金保険

入社したとき

健康保険　厚生年金保険

健康保険と厚生年金保険は、資格取得届を提出することによって、同時に加入の手続きをします。会社が厚生年金基金に加入している場合は、併せて手続きが必要です。

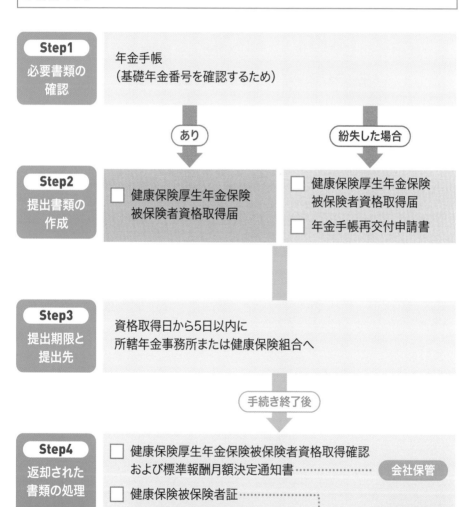

Step1　必要書類の確認

年金手帳
（基礎年金番号を確認するため）

あり　　　紛失した場合

Step2　提出書類の作成

□ 健康保険厚生年金保険
　 被保険者資格取得届

□ 健康保険厚生年金保険
　 被保険者資格取得届

□ 年金手帳再交付申請書

Step3　提出期限と提出先

資格取得日から5日以内に
所轄年金事務所または健康保険組合へ

手続き終了後

Step4　返却された書類の処理

□ 健康保険厚生年金保険被保険者資格取得確認
　 および標準報酬月額決定通知書 ……………… 会社保管

□ 健康保険被保険者証 …………………………

□ 年金手帳（再発行の場合）…………………… 本人へ返却

■ 被保険者の資格取得日

● 被保険者の資格とは

　入社日または被保険者資格に該当した日など、事実上の使用関係が始まったときに取得します。

■ 被保険者の適用を除外される人

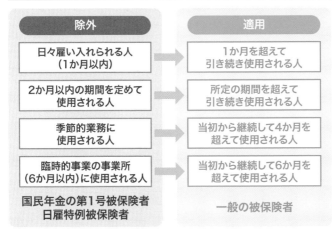

除外		適用
日々雇い入れられる人（1か月以内）	➡	1か月を超えて引き続き使用される人
2か月以内の期間を定めて使用される人	➡	所定の期間を超えて引き続き使用される人
季節的業務に使用される人	➡	当初から継続して4か月を超えて使用される人
臨時的事業の事業所（6か月以内）に使用される人	➡	当初から継続して6か月を超えて使用される人
国民年金の第1号被保険者 日雇特例被保険者		一般の被保険者

■ パートタイマーの被保険者資格

● 労働日数・労働時間

　パートタイマーは、1か月の労働日数・1週間の労働時間の両方が一般社員の4分の3以上あれば、常用的使用関係にあると認められ、被保険者として扱われます。

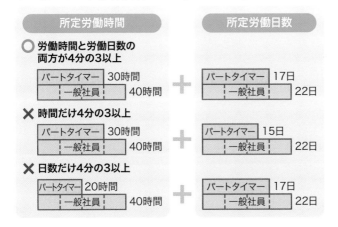

所定労働時間		所定労働日数
○ 労働時間と労働日数の両方が4分の3以上		
パートタイマー 30時間 一般社員 40時間	＋	パートタイマー 17日 一般社員 22日
✕ 時間だけ4分の3以上		
パートタイマー 30時間 一般社員 40時間	＋	パートタイマー 15日 一般社員 22日
✕ 日数だけ4分の3以上		
パートタイマー 20時間 一般社員 40時間	＋	パートタイマー 17日 一般社員 22日

ONE POINT

年金受給者が適用事業所に勤める場合

本人の希望に関わらず、70歳に達するまで厚生年金保険の被保険者となります。

1か月以上届の提出が遅れた場合

健康保険組合によっても異なりますが、遅延理由書が必要となる場合がありますので注意が必要です。

MEMO

第2章　入社に必要な健康保険・厚生年金保険 ● 健康保険・厚生年金保険

● 健康保険厚生年金保険被保険者資格取得届

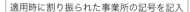

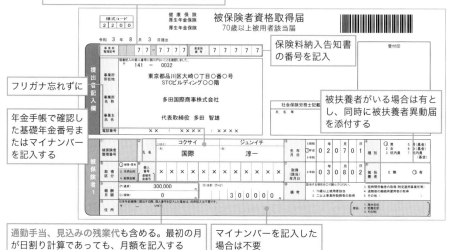

適用時に割り振られた事業所の記号を記入

保険料納入告知書の番号を記入

被扶養者がいる場合は有とし、同時に被扶養者異動届を添付する

フリガナ忘れずに

年金手帳で確認した基礎年金番号またはマイナンバーを記入する

通勤手当、見込みの残業代も含める。最初の月が日割り計算であっても、月額を記入する

マイナンバーを記入した場合は不要

● 資格取得時の報酬月額の算定方法

月給	週給	日給・時給・出来高・歩合給
被保険者となった日に決められた初任給の額に手当を加えた額	週給で決められた額を7で割って30倍した月あたりの額	資格取得の日の前1か月間にその事業所で同様の仕事につき、同様の賃金を受けるものの平均したものを月額とします。

✑ ONE POINT

報酬をゼロにしたときの注意点

報酬月額がゼロの場合は被保険者にはなれません。
例えば、役員報酬をゼロにしてしまうと健康保険の資格を喪失することになるので注意が必要です。

▍ 健康保険と厚生年金保険の氏名変更と住所変更について

　日本年金機構では、基礎年金番号と住民票コード、基礎年金番号とマイナンバーを紐づけて把握しています。そのため、マイナンバーを記入していない場合も、基礎年金番号と住民票に登録されている住所で本人確認を行うことができます。

　これにより、氏名変更や住所変更が自動的に行われるようになりました。

Q&A 入社したとき　健康保険・厚生年金保険

こんなときどうする？

Q1 書類が戻ってきたら？

A1 健康保険証・通知書に違いがないか確認します。

名前、生年月日、取得年月日など、確認できたら健康保険証を本人に渡します。社会保険料の等級を給与ソフト、人事ソフトなどに入力します。内容に間違いがあったら訂正届を提出します。

Q2 保険証がすぐに欲しいと言われたときは？

A2 「健康保険被保険者資格証明書」の交付を年金事務所に申請します。

保険者は、被保険者証の交付、返付または再交付が行われるまでの間に、その被保険者または被扶養者が療養を受ける必要があると認めたときに限り、被保険者資格証明書を有効期限を定めて交付します。

Q3 誤って国民健康保険証を使ってしまったときは？

A3 国民健康保険で負担した医療費は全額返還し、健康保険の療養費を申請します。

国民健康保険の負担分（7割〜9割分）の返還請求がくるので、その分を返還し全額自己負担とした上で、会社所属の協会けんぽまたは健康保険組合に療養費の申請をします。

Q4 新入社員が会社都合で自宅待機のときは？

A4 新たに雇用されることになった人が、当初から自宅待機とされた場合は、雇用関係が成立していて、かつ休業手当などが支払われている場合、その支払いの対象となった日から被保険者となります。

休業手当などの支払いがない場合は、労働の提供と報酬の支払いがないため事実上の使用関係が認められず、実際に就労を開始した日から被保険者となります。

Q5 試用期間中の健康保険・厚生年金保険の適用は？

A5 長期の予定で適用事業所に雇用された人が、当初の一定期間を試用期間とされた場合であっても、最初に雇用された日に被保険者となります。

ONE POINT

外国籍の従業員を採用した場合について

外国籍の従業員を採用した際、個人番号と基礎年金番号が結びついていない方、番号制度の対象外である方については、資格取得届等と併せて「厚生年金保険被保険者ローマ字氏名届」の提出が必要になります。
届出には、在留カード、住民票の写し等に記載のある氏名を記入してください。

MEMO

第2章 入社に必要な健康保険・厚生年金保険 ・ 健康保険・厚生年金保険

02 入社時に被扶養者がいるとき

健康保険　　国民年金第3号

雇用した従業員に扶養される家族がある場合には、一定条件を満たした家族について、認定を受けることによって健康保険の給付を受けることができます。また、被扶養配偶者で20歳以上60歳未満の人は、国民年金の第3号被保険者となります。

Step1
必要書類の
確認

課税（非課税）証明書、
学生は**在学証明書**、身体障害者は**身体障害者手帳**、
年金受給者は**年金支給通知書の写し**
住民票（同居要件ありの場合）　など

Step2
提出書類の
作成

☐ 健康保険被扶養者（異動）届

Step3
提出期限と
提出先

資格取得届と同時に
所轄年金事務所または健康保険組合へ

手続き終了後

Step4
返却された
書類の処理

☐ 健康保険被扶養者（異動）決定通知書 ･･････････ 会社保管
☐ 健康保険被保険者証 ････････････････････････ 本人へ返却

被扶養者の該当要件

健康保険の被扶養者の認定は、75歳未満で次の２ついずれも該当しなければなりません。

❶ 被扶養者の範囲内であること

健康保険の被保険者となるのは、被保険者の３親等内の親族で主として被保険者の収入によって生計を維持している人です。

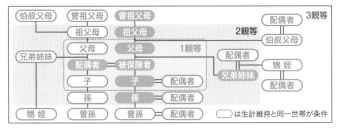

❷ 生計維持の認定基準内の収入であること

被扶養者の対象となる家族に収入がある場合、被保険者によって生計を維持されているかどうかが基準となります。

（1）被保険者と同一世帯の場合

認定対象者の年間収入が130万円未満（認定対象者が60歳以上または障害厚生年金を受けられる程度の障害者の場合は180万円未満）であって、かつ、被保険者の年間収入の２分の１未満である場合は被扶養者となります。特に60歳以上になると基準金額が違うので注意が必要です。

（2）被保険者と同一世帯にない場合

認定対象者の年間収入が130万円未満（認定対象者が60歳以上または障害厚生年金を受けられる程度の障害者の場合は180万円未満）であって、かつ、被保険者からの援助による収入額より少ない場合には、被扶養者となります。

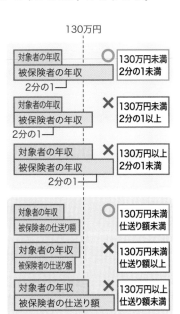

ONE POINT

健康保険の被保険者資格について

75歳以降は、後期高齢者制度が適用され、その手続きは自動的に進められ、75歳の誕生月の前月には市区町村から新しい保険証が届きます。

入院や介護施設への入所または単身赴任の場合

入院や介護施設への入所または単身赴任は、同一世帯に属しているとみなされます。

収入

給与、事業収入、地代・家賃などの財産収入、配当収入、公的年金、失業給付、資格喪失後の傷病手当金などを含み、宝くじのような一時的なものは除かれます。また、認定を受ける時点の収入を年間に換算します。

所得税と社会保険の扶養認定基準の違い

所得税の場合、原則103万円以下の収入で控除対象配偶者・扶養親族となります。（年金受給者の場合、65歳未満108万円以下、65歳以上158万円以下）また、所得税法上の所得は１月〜12月の年単位で判断するのに対し、健康保険の年収は将来の見込みにより判定します。

第2章 入社に必要な健康保険・厚生年金保険 ● 健康保険・厚生年金保険

（次頁に続く） 31

健康保険被扶養者（異動）届

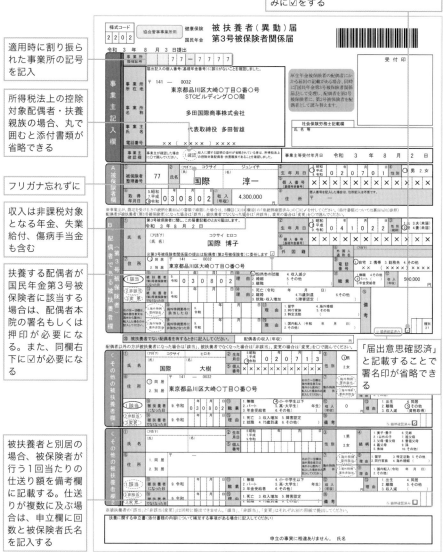

個人番号を記入し、事業主にて戸籍謄本等で続柄を確認した場合は、続柄確認済みに☑をする

適用時に割り振られた事業所の記号を記入

所得税法上の控除対象配偶者・扶養親族の場合、丸で囲むと添付書類が省略できる

フリガナ忘れずに

収入は非課税対象となる年金、失業給付、傷病手当金も含む

扶養する配偶者が国民年金第3号被保険者に該当する場合は、配偶者本院の署名もしくは押印が必要になる。また、同欄右下に☑が必要になる

「届出意思確認済」と記載することで署名印が省略できる

被扶養者と別居の場合、被保険者が行う1回当たりの仕送り額を備考欄に記載する。仕送りが複数に及ぶ場合は、申立欄に回数と被保険者氏名を記入する

32

参考

▌扶養認定に必要な添付書類

　平成30年10月1日以降に日本年金機構で受け付ける「健康保険被扶養者（異動）届」について、添付書類の取り扱いが変更になりました。日本国内の被扶養者の身分関係及び生計維持関係は申立てだけでなく、証明書類に基づいて認定が行われます。なお、一定の要件を満たした場合には、書類の添付を省略することが可能になります。

▌添付書類の変更及び添付書類の一部省略

　扶養認定を受ける方の続柄や年間収入を確認するため、添付書類一覧のうち、扶養認定を受ける方が被保険者と同居しているときは❶・❷を、別居しているときは❶・❷・❸を添付します。

番号	添付書類	目的	添付の省略ができる場合
❶	次のいずれか ・戸籍謄本または戸籍抄本 ・住民票※1（提出日から90日以内）	続柄の確認	次のいずれにも該当するとき ・被保険者と被扶養者の認定を受ける方、双方のマイナンバーが届書に記載されていること ・左記書類により扶養認定を受ける方の続柄が届出書の記載と相違ないことを確認した旨を、事業主が届書に記載していること
❷	年間収入が、「130万円未満」※2であることが証明できる課税証明書等の書類	収入の確認	・扶養認定を受ける方が、所得税法上の排除対象の配偶者または扶養親族であることを確認した旨を事業主が届書に記載しているとき※3 ・16歳未満のとき
❸	仕送りの事実とし仕送り額が確認できる書類 ・振込の場合：預金通帳等の写し ・送金の場合：現金書留の控え（写）		・16歳未満のとき ・16歳以上の学生のとき

※1　被保険者と扶養認定を受ける方と同居かつ被保険者が世帯主に限ります。
※2　60歳以上、障害厚生年金の受給要件に該当する方は、180万円未満です。
※3　障害年金、遺族年金等の受給がある場合は、その金額が確認できる控えが必要です。

MEMO

（次頁に続く）

第3号被保険者未届期間の特例届出

第3号被保険者に該当している人の届出が遅れた場合は、届出により2年間はさかのぼり第3号被保険者の期間とし、保険料納付済期間に算入されます。なお、平成17年3月以前に未届期間がある場合は、届出により2年間を超える期間についても保険料納付済期間となります。平成17年4月以降については、届出が遅れたことについてやむを得ない事情がある場合に限り、保険料納付済期間に算入されます。

MEMO

▌国民年金第3号被保険者のマイナンバー

　国民年金第3号被保険者のマイナンバーの届出義務者は、第3号被保険者である従業員の配偶者本人になります。しかしながら、実務上は従業員がその代理人として、第3号被保険者の委任を受けてマイナンバーを提出します。会社は従業員を通して、マイナンバーの利用目的を第3号被保険者に明示し、委任状とマイナンバー・身元確認書類を受け取ります。

マイナンバーは、番号法で厳格な取扱いが義務づけられているんだニャー

第**3**章

入社に必要な雇用保険
雇用保険

入社したとき

労災保険　雇用保険

労災保険は会社単位で加入するので、個別の手続きは不要です。

Step1
雇用保険
被保険者
番号確認

「雇用保険被保険者証」を提出してもらいます
（個人の「被保険者番号」は転職しても変わりません）

 ある　　　　　　　　　　 ない

Step2
提出書類の
作成

☐ 雇用保険被保険者
　　資格取得届

☐ 雇用保険被保険者
　　資格取得届
☐ 職務経歴を添付

Step3
添付書類

原則として不要です
☐ 提出期限を過ぎた場合は賃金台帳及び出勤簿等

雇い入れた日の属する月の翌月10日までにハローワークへ

Step4
返却された
書類の処理

☐ 雇用保険被保険者資格取得等確認通知書 ……… 会社保管
☐ 雇用保険被保険者証 ……………………………… 本人へ返却

▌被保険者の資格取得日

▌被保険者の資格とは

　入社日または被保険者資格に該当した日など、事実上の使用関係が始まったときに取得します。

▌被保険者の適用を除外される人

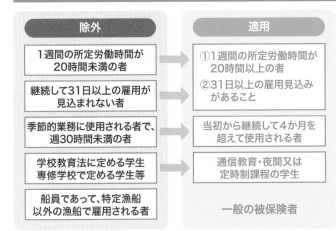

▌雇用保険における被保険者資格

▌労働時間・雇用期間

　1週間の所定労働時間が20時間以上かつ、31日以上の雇用の見込みがある者については雇用保険の被保険者に該当します。

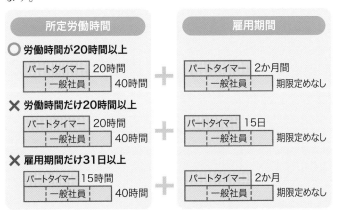

第3章 入社に必要な雇用保険 ● 雇用保険

（次頁に続く）

Q&A 雇用保険に加入する従業員とは

Q1 2つ以上の会社に雇用される場合は？

A1 主たる収入を得ている会社で被保険者となります。

同時に2つ以上の会社に雇用されることとなった場合は、その人が生計を維持するための主たる賃金を受けている1つの会社のみで雇用保険の被保険者となります。

また、前の会社を無断欠勤したまま他の会社に再就職した場合、新たな会社との雇用関係が主たるものであると認められるときには、後の会社に雇用された日の前日を前の会社の離職日として取り扱います。

Q2 長期にわたり欠勤している人は？

A2 雇用関係が継続する限り被保険者となります。

長期欠勤の場合であっても、雇用関係が存続する限り、賃金の支払いを受けているか否かを問わず被保険者となります。

Q3 在日外国人を雇用する場合は？

A3 原則として国籍を問わず被保険者となります。

在日外国人は外国公務員及び外国の失業補償制度の適用を受けていることが立証された人を除き、国籍のいかんを問わず被保険者とみなします。外国籍の方の取得手続きには在留資格の確認（外国人登録証表裏コピーなど）が原則として必要となります。

Q4 会社役員に労災保険・雇用保険は適用される？

A4 法人の代表者は労災保険・雇用保険の被保険者にはなりません。

ただし、中小企業の事業主は事務組合に加入することで、労災に加入することができます。取締役についても原則は被保険者になりませんが、労働管理の実態から見て労働者性が強い場合、一定の要件を満たしていれば被保険者に該当します。

雇用保険被保険者資格取得届

雇用保険被保険者証や離職票に記載されている番号になります。不明な場合は未記入とする

新卒者は「1」中途採用者は「2」日雇からの切替は「3」になる

雇用期間の定めがある場合は、「1」定めがない場合は「2」となる

残業手当や臨時の賃金を除き、毎月支払われる金額を記入する。日給・時給制等は、雇用契約で決まっている単価に1か月当たりの労働日または時間を乗じて算出する

マイナンバーを記入

「過去に被保険者になったことがない」、「被保険者でなくなってから7年以上経過」は「1」、それ以外は「2」を記入する

雇用契約で定める1週の労働時間を記入する

期間の定めがある雇用契約の場合は、雇用契約期間について記入する。更新条項が有の場合は、「1」、無の場合は「2」を記入する

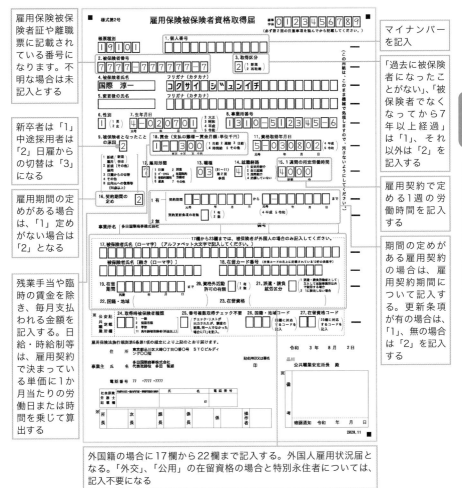

外国籍の場合に17欄から22欄まで記入する。外国人雇用状況届となる。「外交」、「公用」の在留資格の場合と特別永住者については、記入不要になる

13欄の職種の選択肢

A 管理的職業‥‥‥‥‥‥‥01	E サービスの職業‥‥‥‥‥05	I 輸送・機械運転の職業‥‥‥09
B 専門的・技術的職業‥‥‥02	F 保安の職業‥‥‥‥‥‥‥06	J 建設・採掘の職業‥‥‥‥‥10
C 事務的職業‥‥‥‥‥‥‥03	G 農林漁業の職業‥‥‥‥‥07	K 運搬・清掃・包装等の職業‥‥11
D 販売の職業‥‥‥‥‥‥‥04	H 生産工程の職業‥‥‥‥‥08	

（次頁に続く）

Q1 外国人を雇用したときの注意点は？

A1 会社は、外国人の雇用や離職について、氏名、在留資格、在留期間等の外国人雇用状況を届出る必要があります。

ただし、特別永住者及び「外交」、「公用」の在留資格の外国人を除きます。

Q2 外国人を雇用したときの確認書類は？

A2 届出書類を作成する際に必要な情報は以下で確認をします。

①氏名、在留資格、在留期限、生年月日
在留カード（もしくは外国人登録証明書）、パスポート
②資格外活動許可の有無
在留カードの裏面、パスポートの資格外活動許可証印、資格外活動許可書、就労資格証明書

Q3 「被保険者証」がない場合は？

A3 必ず職歴確認書類（会社名がわかるもの）を添付します。

前職の確認ができない場合は、本人の雇用保険被保険者期間が通算されず、雇用保険休職者給付、雇用家族給付、教育訓練給付等で本人が不利益を被ることがあります。

Q4 前職の資格喪失届が出されていないときは？

A4 直接またはハローワークから前職の会社に連絡します。

転職した場合、前職の会社から「雇用保険被保険者資格喪失届（資格喪失届）」が提出されていないと新たに取得手続ができません。
資格喪失届の提出は離職日の翌々日から起算して10日以内と定められています。提出期限が過ぎている場合は、直接またはハローワークから前職の会社に連絡して資格喪失届を提出してもらいます。

第4章

変更にかかる手続き
健康保険・厚生年金保険・雇用保険

01 社員の氏名が変わったとき

健康保険　厚生年金保険　雇用保険

厚生年金保険と協会けんぽの健康保険被保険者の氏名変更の手続きは、マイナンバー制度の導入により原則として不要になっています。ただし、被扶養者と健保組合の加入者の氏名変更は自動的に行われないため、手続きが必要になります。雇用保険は、氏名を変更した後に行う資格喪失や高年齢者雇用継続給付金等の支給申請等の手続きの際に氏名変更も同時に行います。

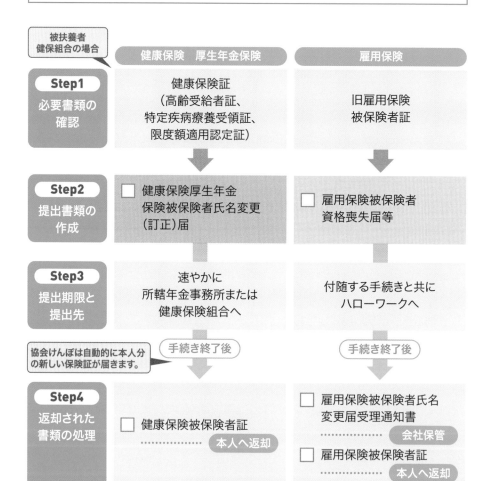

	被扶養者 健保組合の場合	健康保険　厚生年金保険	雇用保険
Step1 必要書類の確認		健康保険証 （高齢受給者証、特定疾病療養受領証、限度額適用認定証）	旧雇用保険 被保険者証
Step2 提出書類の作成		☐ 健康保険厚生年金保険被保険者氏名変更（訂正）届	☐ 雇用保険被保険者資格喪失届等
Step3 提出期限と提出先		速やかに所轄年金事務所または健康保険組合へ	付随する手続きと共にハローワークへ
	協会けんぽは自動的に本人分の新しい保険証が届きます。	手続き終了後	手続き終了後
Step4 返却された書類の処理		☐ 健康保険被保険者証 ……… 本人へ返却	☐ 雇用保険被保険者氏名変更届受理通知書 ……… 会社保管 ☐ 雇用保険被保険者証 ……… 本人へ返却

02 社員の住所が変わったとき

健康保険　厚生年金保険

健康保険、厚生年金保険の被保険者である社員の住所が変わったときは、マイナンバーと基礎年金番号が結びついている被保険者およびその被扶養者については、原則届出は不要です。ただし、海外居住者等のマイナンバーを有していない被保険者は、年金事務所へ住所変更届を提出します。また、健保組合は原則として、住所変更届が必要となります。雇用保険では被保険者の住所を管理していないので、手続きは不要です。

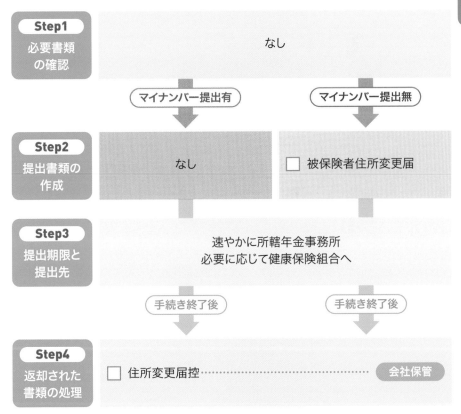

Step1 必要書類の確認	なし	
	マイナンバー提出有	マイナンバー提出無
Step2 提出書類の作成	なし	☐ 被保険者住所変更届
Step3 提出期限と提出先	速やかに所轄年金事務所 必要に応じて健康保険組合へ	
	手続き終了後	手続き終了後
Step4 返却された書類の処理	☐ 住所変更届控 ………………………… 会社保管	

第4章 変更にかかる手続き ● 健康保険・厚生年金保険・雇用保険

（次頁に続く）　43

■ 健康保険厚生年金保険被扶養者の住所変更届

● 国民年金第3号被保険者住所変更届

被保険者に扶養されている配偶者が該当する

扶養されている人から見た配偶者のこと

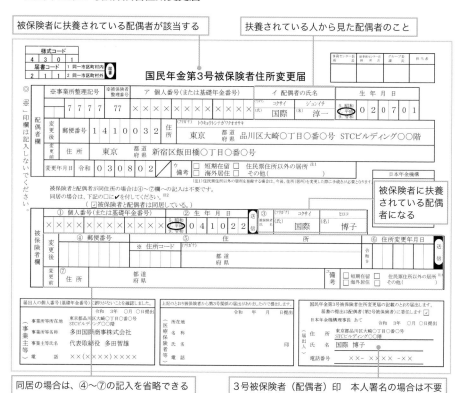

被保険者に扶養されている配偶者になる

同居の場合は、④～⑦の記入を省略できる

3号被保険者（配偶者）印　本人署名の場合は不要

03 被扶養者の変更

健康保険

子どもが生まれたり、配偶者が退職して被扶養者の要件に該当したりするなど、被扶養者に異動があった場合には、事業主を経由して保険者に届出しなければなりません。

	扶養になる	扶養から外れる
Step1 必要書類の確認	資格取得 「入社時に被扶養者がいるとき」 参照（P.30）	健康保険証 （高齢受給者証、 特定疾病療養受領証、 限度額適用認定証）
Step2 提出書類の作成	☐ 健康保険被扶養者 （異動）届	☐ 健康保険被扶養者 （異動）届
Step3 提出期限と提出先	異動があった日から5日以内に 所轄年金事務所または 健康保険組合へ	
	手続き終了後	手続き終了後
Step4 返却された書類の処理	☐ 健康保険被扶養者 （異動）届 …… 会社保管 ☐ 健康保険被保険者証 …… 本人へ返却	☐ 健康保険被扶養者 （異動）届 …… 会社保管

第4章 変更にかかる手続き ● 健康保険・厚生年金保険・雇用保険

（次頁に続く） 45

ONE POINT

届出が遅れた場合の認定日

「被扶養者（異動）届」及び必要書類一式が提出され、健康保険組合が扶養の事実を認めて受理した日が認定日となります。

ただし、出生においては出生年月日を認定日とします。

また、婚姻、退職については、1か月※以内に異動事由を証明する書類を提出し、健康保険組合が受理した場合に限って、その事実が発生した日にさかのぼって認定します。

※健康保険組合によって異なります

MEMO

■ 扶養認定日

	扶養認定日
①被保険者資格取得届と同時に提出する場合	資格取得年月日
②出生の場合	生年月日
③婚姻の場合	婚姻年月日
④退職の場合	退職年月日の翌日
⑤その他の場合	その事実発生年月日

こんなときどうする？ Q&A 被扶養者がいるとき　健康保険

Q1 配偶者が失業保険を受給するときは？

A1 健康保険組合によって扱いが異なります。

退職後から失業給付金の給付制限期間中（3か月）までは収入が無いため、被扶養者として認定されます。給付制限期間後は、失業給付金の基本手当日額3612円以上（60歳以上は5000円）を受給する時点で被扶養者から外れます。受給が終了し収入がなくなれば、被扶養者として認定されます。給付制限期間中も被扶養者として認定されない健康保険組合もあるので、確認が必要です。

Q2 配偶者が自営業のときは？

A2 必要書類を添付して届出ると、被扶養者になれます。

自営業を営んでいる場合、経営者は自らの社会的責任を果たす必要があると考えられ、原則として被扶養者になることができません。ただし、収入が少なく、扶養申請時から将来1年間の配偶者の予定収入額が収入限度額未満であれば、必要書類を添付して届を提出することにより、被扶養者となることができます。自営業の場合は年間売上から必要経費を控除した額（所得）を「将来1年間の配偶者の予定収入額」として判定します。

Q3 共働きのときは？

A3 原則として年間収入の多い人の被扶養者になります。

収入が同程度の場合は、届出により主として生計を維持する人の被扶養者になります。なお、画一的に収入の多い方だけで判断するのではなく、年間収入の少ない方の被扶養者とする届出があった場合、その人に生計を維持されていると認められる場合は、年間収入の少ない方の被扶養者としても差し支えありません。

第5章

退職にかかる
健康保険・厚生年金保険の
手続き
健康保険・厚生年金保険

退職したとき

健康保険　厚生年金保険

被保険者が退職したり死亡したりしたときは、原則その翌日に被保険者資格を喪失します。健康保険と厚生年金保険は同時に資格喪失の手続きをします。なお、健康保険は75歳の誕生日の前日、厚生年金保険は70歳の誕生日の前日に資格喪失となります。

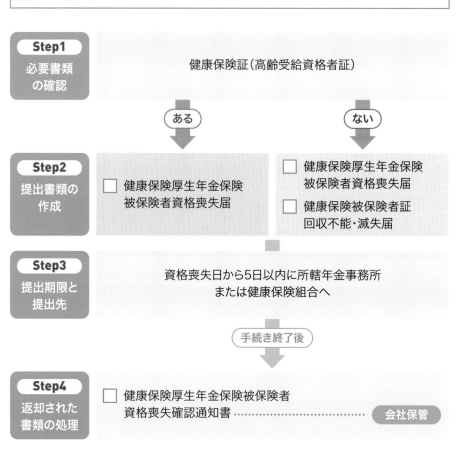

Step1
必要書類の確認

健康保険証（高齢受給資格者証）

ある　ない

Step2
提出書類の作成

☐ 健康保険厚生年金保険被保険者資格喪失届

☐ 健康保険厚生年金保険被保険者資格喪失届

☐ 健康保険被保険者証回収不能・滅失届

Step3
提出期限と提出先

資格喪失日から5日以内に所轄年金事務所または健康保険組合へ

手続き終了後

Step4
返却された書類の処理

☐ 健康保険厚生年金保険被保険者資格喪失確認通知書 ………… 会社保管

▌被保険者でなくなる日（資格喪失日）

　次のいずれかに該当した場合に資格を喪失します。

（1）適用事業所に使用されなくなった日の翌日

（2）被保険者から適用除外される事由に該当した日の翌日

（3）任意適用事業所が任意脱退の認可を受けた日の翌日

（4）死亡した日の翌日

（5）年齢に達した日

※ただし、他の事業所で使用されて被保険者となったときは、その日に被保険者でなくなります。

▌健康保険被保険者証の返還

　健康保険被保険者証の添付ができない場合は、健康保険被保険者証回収不能届を提出します。回収不能対象者には、後日被保険者あてに「健康保険被保険者証の無効のお知らせ」が送付されます。

● 健康保険被保険者証回収不能届

高齢受給者証の交付の有無と返納の有無を記入する

保険者証または高齢受給者証を返納できない理由を詳しく記入する
例：自宅保管中に滅失

ONE POINT

年齢による資格喪失

厚生年金の場合は70歳になると被保険者資格を喪失します。資格喪失日は誕生日の前日です。

健康保険の被保険者は、75歳になると後期高齢者医療制度の被保険者となり、被保険者資格を喪失します。資格喪失日は誕生日当日です。

MEMO

第5章　退職にかかる健康保険・厚生年金保険の手続き ● 健康保険・厚生年金保険

（次頁に続く）
49

● 健康保険厚生年金保険　被保険者資格喪失届

適用時に割り振られた事業所の記号を記入

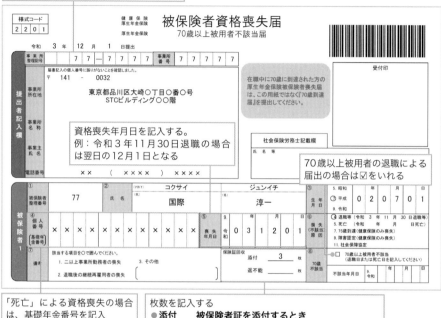

「死亡」による資格喪失の場合
は、基礎年金番号を記入

枚数を記入する
● 添付　　被保険者証を添付するとき
● 返不能　被保険者証の回収ができず添付できないとき
返不能の時は「健康保険被保険者証回収不能届」の添付
が必要となる

---

^{こんなときどうする？}
Q&A　退職したとき　健康保険・厚生年金

Q1 工場の譲渡等、事業主に変更があったときは？

A1 資格の取得及び喪失は生じません。
　　旧事業主が事業に使用される被保険者を解雇しなければ、被保険者はそのまま新事
　　業主に使用されるので、資格の取得及び喪失は生じません。

Q2 休職または休業したときは？

A2 事実上の使用関係があるときは資格は存続します。

02
退職後も継続して加入したいとき
健康保険

会社などを退職して被保険者の資格を失ったときは、一定の加入条件のもとに個人の希望により任意継続被保険者として継続することができます。この届は個人が提出します。

Step1
必要と
なるもの

1か月分の保険料（手続きが翌月になった場合は2か月分）
被扶養者がいる場合は証明書類が必要になることがあります。

Step2
提出書類の
作成

☐ 健康保険任意継続
　 被保険者資格取得申請書

Step3
提出期限と
提出先

退職日の翌日から20日以内に
本人の住所地の全国健康保険協会
または健康保険組合へ

 手続き終了後

Step4
返却された
書類の処理

☐ 決定通知書
☐ 健康保険被保険者証

 MEMO

令和4年1月改正予定

被保険者の生活実態に応じた加入期間の短縮化を支援する観点から、任意継続被保険者の任意脱退ができるようになります。また、保険料の算定基礎について、「①当該退職者の従前の標準報酬月額又は②当該保険者の全被保険者の平均の標準報酬月額のうち、いずれか低い額」から「健保組合の規約により、従前の標準報酬月額」とすることが可能となります。

第5章 退職にかかる健康保険・厚生年金保険の手続き ● 健康保険・厚生年金保険

（次頁に続く） 51

▊ 資格喪失後の医療保険加入

　退職後の健康保険は、任意継続被保険者または国民健康保険のいずれかを選択できます。また、被扶養者の要件を満たせば、健康保険被保険者の被扶養者として加入することも可能です。

退 職
→ 健康保険の任意継続被保険者
→ 健康保険被保険者の被扶養者
→ 国民健康保険の被保険者

▊ 加入要件

　資格喪失日の前日までに、被保険者期間が継続して2か月以上必要です。

▊ 加入期間

　最高2年間加入できますが、次に該当した場合は資格を喪失します。

❶ 翌日に資格喪失

(1)　死亡したとき

(2)　正当な理由なく保険料を納付期限（当月10日）までに支払わないとき

❷ その日に資格喪失

(1)　再就職により他の健康保険等の被保険者となったとき

(2)　後期高齢者医療制度の被保険者となったとき

　「国民健康保険に加入する」や「家族の健康保険の扶養に入る」などの理由で資格を喪失することはできないこととなっています。

任意継続被保険者制度は、令和4年1月に見直しがなされる予定なので、注意が必要だニャー

▌保険料

　今まで事業主と折半負担していた保険料を本人が全額負担します。

(1)　資格喪失時点における標準報酬月額と、健康保険被保険者の標準報酬月額の平均値（令和2年度現在、協会けんぽの場合30万円）のいずれか低い方の額を標準報酬月額として計算した額

(2)　初回の保険料を納付期日までに納めない場合、任意継続被保険者とならなかったものとみなされる

Q&A　退職後も継続して社会保険に加入した場合

Q1　年金はどうなる？

A1　**第1号被保険者として国民年金に加入します。**

厚生年金には任意継続被保険者のような制度はないため、20歳から60歳までの間は国民年金の第1号被保険者の手続きが必要です。第3号被保険者であった被扶養配偶者も同様に手続きが必要となります。

Q2　健康保険はどうなる？

A2　**「任意継続健康保険」、「国民健康保険」、「被扶養者として家族の健康保険」のどれかに加入する必要があります。**

任意継続保険は加入していた健康保険で、国民健康保険は住まいの市区町村の国民健康保険担当窓口で、家族の健康保険は家族が加入する健康保険組合で手続きを行います。

ONE POINT

国民年金保険料

令和2年度は、16,540円
令和3年度は、16,610円
となっています。

MEMO

第5章

退職にかかる健康保険・厚生年金保険の手続き　●　健康保険・厚生年金保険

（次頁に続く）　53

Q3 会社の喪失手続が遅れているときはどうなりますか?

A3 任意継続の手続きは可能です。

任意継続の手続は会社の喪失手続き前でも申請できます。ただし、健康保険証は会社の喪失手続きが確認できしだい発行されます。

● 健康保険任意継続被保険者資格取得申出書

健康保険 任意継続被保険者 **資格取得** 申出書　**1 2**　**取**
申出者記入用

記入方法および添付書類等については、「健康保険 任意継続被保険者 資格取得 申出書 記入の手引き」をご確認ください。

申出番号、黒のボールペン等を使用し、楷書で枠内に丁寧にご記入ください。　記入見本 **0 1 2 3 4 5 6 7 8 9 ア イ ウ**

勤務していた時に使用していた被保険者証の発行都道府県		東京 支部

勤務していた時に使用していた被保険者証の（左づめ）	記号	番号	生年月日 年 月 日
	7 7 7 7 7 7 7 7	7 7 7 7 7 7	□昭和 □平成 0 2 0 7 0 1

氏名・印	（フリガナ）コクサイ ジュンイチ　国際 淳一　印	印鑑の場合は押印を省略できます。	性別 ■男 □女

住所	（〒 141 － 0032 ）　東京　都道府県　品川区大崎○丁目○番○号
電話番号（日中の連絡先）	TEL 77 （ 7777 ） 7777

勤務していた事業所の	名称	多田国際商事株式会社	所在地	東京都品川区大崎○丁目○番○号 STCビルディング○○階

資格喪失年月日（退職日の翌日）	令和 03 年 12 月 01 日

保険料の納付方法	1 . 1.口座振替（毎月納付のみ） 2.毎月納付 3.6か月前納 4,12か月前納	□楽口座振替を希望される方は、別紙「口座振替依頼書」の提出が必要です。

‖ 健康保険資格喪失証明欄【事業主記入用】※任意

在職時に使用していた被保険者証の記号・番号	記号	番号
フリガナ		
被保険者氏名		

資格喪失年月日 ※退職日の翌日	年 月 日 備 考 欄	

上記の記載内容に誤りのないことを証明します。　　　　　　　　　　　年　　月　　日
　　　　　　　　　　　　事業所所在地
　　　　　　　　　　　　事業所名称
　　　　　　　　　　　　事業主氏名　　　　　　　　　　　　　　　　印
　　　　　　　　　　　　電話番号　　（　　　）

※「健康保険資格喪失証明欄（事業主記入用）」の記載は任意です。
※任意継続資格取得申出書の提出は、退職日の翌日から20日以内です。証明の準備に時間がかかる場合は、証明欄の記載がなくてもお手続きできます。（被保険者証は、日本年金機構での資格喪失処理が完了してからの交付になります。）

被扶養者となられる方がいる場合は裏面の被扶養者届の記載をお願いします。

被扶養者のマイナンバー記載欄
被保険者証の記号番号がご不明の場合にご記入ください。
記入した場合は、本人確認書類（写し）の添付が必要となります。
詳しくは「記入の手引き」をご確認ください。

														受付日付印

社会保険労務士の提出代行者名記載欄		印	協会使用欄

2 0 0 1 1 0	1							全国健康保険協会 協会けんぽ	（1/1）

この届は退職者本人が作成・提出する

第6章

退職にかかる
雇用保険の手続き
雇用保険

01 退職したときの手続き

労災保険……手続き不要

雇用保険……被保険者が離職、死亡等により被保険者でなくなったときや、労働条件の変更等により被保険者資格を欠くこととなったときは、ハローワークへ雇用保険被保険者資格届を提出します。

雇用保険の資格喪失手続き

Step1
被保険者で
なくなった

離職、死亡等
労働条件の変更等で被保険者資格を満たさなくなった

Step2
提出書類

資格喪失届、
離職証明書（本人が離職票不要の申出をしている場合は不要。
但し離職時に満59歳以上必須）

Step3
確認書類

労働者名簿、出勤簿（タイムカード）、賃金台帳、雇用契約書、
辞令等、定年等のように就業規則・労使協定等の規程により
退職した場合はその規程

「被保険者でなくなった事実のあった日（➡ONE POINT P57）」の
翌日から起算して10日以内にハローワークへ

Step4
手続き後に
返却される
書類

☐ 雇用保険被保険者資格喪失確認通知書 ……… 会社保管
　（事業主控）

☐ 雇用保険被保険者離職証明書（事業主控）……

☐ 雇用保険被保険者資格喪失確認通知書 ……… 本人へ返却
　（離職票1）

☐ 雇用保険被保険者離職票2 …………………
　（離職証明書を提出したときのみ）

▌離職証明書とは

　事業主は、ハローワークへ資格喪失届と離職証明書を提出します。この離職証明書を提出することで、「離職票2」が発行されます。この離職証明書は、1枚目が事業主控、2枚目がハローワーク提出用、3枚目が離職票2となっています。

　なお、転職などで被保険者が離職票の交付を希望しないときは離職証明書を添付しなくてよいことになっています。

　ただし、この場合であっても離職日に59歳以上である被保険者は必ず離職証明書を添付しなければなりません。

離職証明書は3枚つづりになっています。
- **1枚目** 事業主控
- **2枚目** ハローワーク提出用
- **3枚目** 退職者用（離職票2）

▌失業給付受給の為に離職者に「離職票1及び2」を交付します

　従業員が離職後、失業給付を受けようとする場合には、ハローワークに離職票を提出し、求職の申し込みをしなければなりません。この離職票は会社が資格喪失届に添えて提出する離職証明書に基づいて作成されます。離職票はコンピュータで印字された「離職票1」と離職者の賃金支払状況が記載された「離職票2」の2枚が1組となっています。

▌手続きに必要な書類

雇用保険被保険者資格喪失届の確認書類
- ☐　適用事業所台帳
- ☐　雇用保険被保険者資格喪失

雇用保険被保険者離職証明書の確認書類
- ☐　労働者名簿
- ☐　出勤簿（タイムカード）
- ☐　賃金台帳
- ☐　雇用契約書、辞令等、定年等のように就業規則・労使協定等の規程により退職した場合はその規程

（次頁に続く）　57

第6章 退職にかかる雇用保険の手続き ● 雇用保険

■ 雇用保険被保険者資格喪失届　「離職票１」が交付されます

● 雇用保険被保険者資格喪失届

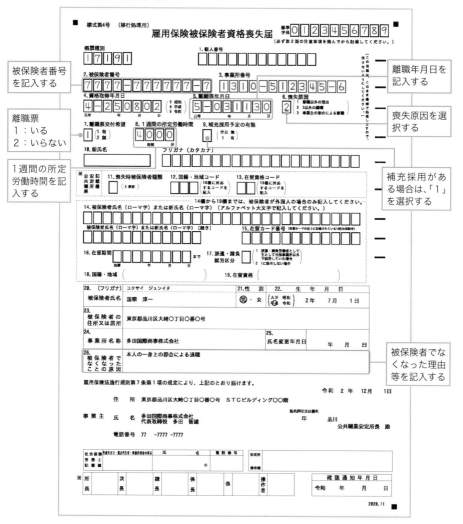

被保険者番号を記入する

離職票
1：いる
2：いらない

1週間の所定労働時間を記入する

離職年月日を記入する

喪失原因を選択する

補充採用がある場合は、「1」を選択する

被保険者でなくなった理由等を記入する

● 喪失原因について

1	死亡、在籍出向、出向元への復帰
2	自己都合退職、重責解雇、契約期間満了（一部雇止めを除く）、定年、週の労働時間が20時間未満に変更、取締役就任
3	解雇、退職勧奨、勤続3年以上の更新時に明示のない雇止め

58

02 離職証明書「離職票2」
～退職時の雇用保険の手続き～

離職理由のトラブルの多くは、労働条件通知書や就業規則等に契約更新の有無や継続雇用制度等を明示していない為に起こるケースと、事業主と離職者との認識の違いによって起こるケースがあります。
「契約期間満了」「定年後の継続雇用制度」「解雇、退職勧奨等」についてトラブルが起きやすいので注意が必要です。

離職理由別　ポイント		
	自己都合の場合	退職届・退職願を受け取ります
	契約期間の定めがある場合	契約期間満了の場合、以下のポイントで離職理由が異なりますので注意が必要です ❶通算契約期間が3年未満か3年以上 ❷契約更新は何回か ❸契約書に更新の有無の明示（確約）があるか ❹契約書に更新しない旨の明示（雇止め）があるか ❺労働者の更新の希望の有無
	定年等、就業規則の定めのある場合	定年（60歳）、定年後の継続雇用制度で離職する場合以下の点に注意する必要があります ❶定年以降の「継続雇用制度の導入の措置」の有無 ❷労働者が継続雇用を希望しているか ❸継続雇用制度がある場合、65歳まで雇用されるか、それとも実施義務化年齢のスケジュールにより雇用終了年齢を定めているか ❹就業規則等、労使協定の整備をしているか
	解雇等事業主都合の場合	後からのトラブルを予防するため、解雇通知書・解雇予告通知書などの書面を交付します

第6章　退職にかかる雇用保険の手続き　●　雇用保険

（次頁に続く）

▌賃金額とは

　給料、手当、その他名称のいかんを問わず、労働の対象として事業主が労働者に支払うすべてのものをいいます。これには毎月の賃金とは別途に支払われるもののうち、3か月以内の期間毎に支払われるもの（特別の賃金）も含まれます。

　ただし、次の2つは賃金からは除きます。

❶ 臨時に支払われる賃金

祝金、法定外有給休暇の買い上げなど

❷ 3か月を超える期間ごとに支払われる賃金

賞与など

▌離職理由に応じて必要となる確認書類

雇用保険被保険者離職証明書の確認書類

☐　労働者名簿

☐　出勤簿（タイムカード）

☐　賃金台帳

上記に加えて離職理由に応じて必要な書類

☐　自己退職……退職願等の写し

☐　解雇……解雇（予告）通知書の写し

☐　契約期間満了……雇用契約書の写し。反復更新により3年以上継続して雇用されているときは、過去3年分の雇用契約書の写しが、原則として、全部必要です。

☐　就業規則に則って退職となる場合……就業規則、労働協約の写しなど（例：定年、疾病等の休職期間満了による自然退職など）

※定年後の再雇用制度等の確認のために、その就業規則および必要に応じて労使協定書の写しなども必要となる場合があります。

▌離職理由による受給資格の違い

	離職理由	失業給付の受給要件
一般の受給資格者	自己都合、定年、懲戒解雇、休職満了などにより離職した人。	☐ 離職の日以前2年間に被保険者期間が12か月必要 ☐ 離職理由により3か月の給付制限あり（期間雇用の満了・定年・休職満了は制限なし
特定受給資格者	離職理由が倒産・解雇等のため、再就職の準備をする時間的余裕がなく、離職を余儀なくされた受給資格者。	☐ 離職の日以前1年間に被保険者期間6か月で受給可能 ☐ 給付制限なし ☐ 給付日数が一般の受給資格者より多い
特定理由離職者	特定受給資格者以外の方であって、期間の定めのある労働契約が更新されなかった場合や、その他やむを得ない理由（正当な理由のある自己都合）により離職した人。 以下の正当な理由のある自己都合により離職した人 ①体力の不足、心身の障害、疾病、負傷等により離職をした人 ②妊娠、出産、育児等により離職し、受給延長措置を受けた人 ③常時本人の看護を必要とする親族の負傷・疾病等、家庭の事情が急変したことにより離職した人 ④配偶者や扶養親族と別居生活をすることが困難となり離職する人 ⑤その他、以下の理由により通勤不可能または困難となり、離職した人 ・結婚に伴う住所の変更 ・育児に伴う保育所その他これに準ずる施設の利用または親族などへの保育の依頼 ・事業所の通勤困難な場所への移転 ・自己の意思に反しての住所・居所を移転 ・鉄道、軌道、バス等の運輸期間の廃止または運行時間の変更 ・本人または配偶者の事業主の命による転勤、出向に伴う別居の回避 ・その他特定受給資格者に該当しない企業整備による人員整理などで、希望退職の募集に応じて退職した人	☐ 離職の日以前1年間に被保険者期間6か月で受給可能 ☐ 給付制限なし ☐ 給付日数が特定受給者と同様※になります

※令和4年3月31日までの暫定措置

（次頁に続く）

▌待期と給付制限

　離職票の提出と休職の申し込みを行った日から、失業状態を通算して基本手当は給付されません。この期間を「待期」といいます。

　一身上の都合や転職希望といった自己都合で退職した場合や自己の責任による解雇がされた場合は、待期期間7日後、さらに3か月の「給付制限」が課されます。

▌失業給付の給付日数

● 1. 一般の離職者

被保険者であった期間	
10年未満	90日
10年以上20年未満	120日
20年以上	150日

● 2. 障害者等の就職困難者

被保険者であった期間		1年未満	1年以上
離職時年齢	45歳未満	150日	300日
	45歳以上65歳未満	150日	360日

● 3. 倒産、解雇等による離職者（特定受給資格者・特定理由離職者※）

被保険者であった期間		1年未満	1年以上5年未満	5年以上10年未満	10年以上20年未満	20年以上
離職時年齢	30歳未満	90日	90日	120日	180日	―
	30歳以上35歳未満	90日	120日	180日	210日	240日
	35歳以上45歳未満	90日	150日	180日	240日	270日
	45歳以上60歳未満	90日	180日	240日	270日	330日
	60歳以上65歳未満	90日	150日	180日	210日	240日

※被保険者期間が12か月以上の正当な理由のある自己都合退職の場合は、給付日数の取り扱いは一般の受給資格者と同じです。

● 4. 65歳以上の離職者

被保険者であった期間	1年未満	1年以上
高年齢求職者給付の額	30日分	50日分

一括して一時金で支給されます。

▌被保険者期間の計算方法

❶退職日以前の２年間に離職の日からさかのぼって被保険者であった期間を１か月ごとに区分し、各区分期間のうちに賃金支払基礎日数が11日以上あるものを被保険者期間１か月として、12か月以上必要になります。

❷被保険者資格取得日から最初の資格喪失応答日当日の前日までの日数が15日以上であり、かつ、賃金支払基礎日数が11日以上であれば、当該期間を被保険者期間２分の１か月とします。

❸特定受給資格者、特定理由離職者に該当した場合は、離職日以前１年間で被保険者期間が６か月以上あれば、受給資格を得られます。

※離職の日以前２年間（特定受給資格者・特定理由離職者は１年間）に病気やケガ、出産等の理由により30日以上賃金の支払いを受けることができなかった方は最大４年間までひろげて被保険者期間を計算します。

▌期間の定めのある労働契約満了の際の離職理由

期間の定めがある労働契約満了であっても、判断基準により「特定受給資格者」や「特定理由離職者」に該当する場合があるので注意します。

※更新・延長の明示有：更新の確約がある状態を指し、更新することがある等、更新に際し本人の能力、会社の業績、景気変動等の条件がある場合を除きます。

（次頁に続く）　63

● 雇用保険被保険者離職証明書（賃金記入欄：月給制の場合）

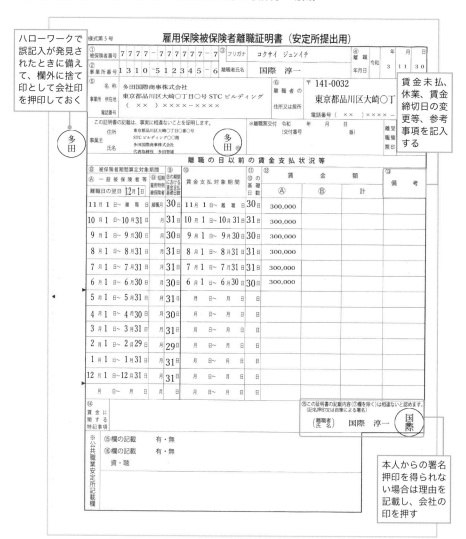

ハローワークで誤記入が発見されたときに備えて、欄外に捨て印として会社印を押印しておく

賃金未払、休業、賃金締切日の変更等、参考事項を記入する

本人からの署名押印を得られない場合は理由を記載し、会社の印を押す

例示説明

月間全部を基本給の支払対象とする月給制の場合。

離職証明書を記載する時点で離職月の賃金の計算ができていないときは、離職月の賃金を「未計算」と記入することができます。（原則として、離職日が賃金締め日以外の場合で、離職日が含まれる月より前の月で⑪欄の日数が11日以上ある月が12か月以上ある場合）

● 雇用保険被保険者離職証明書（賃金記入欄：日給/時給制の場合）

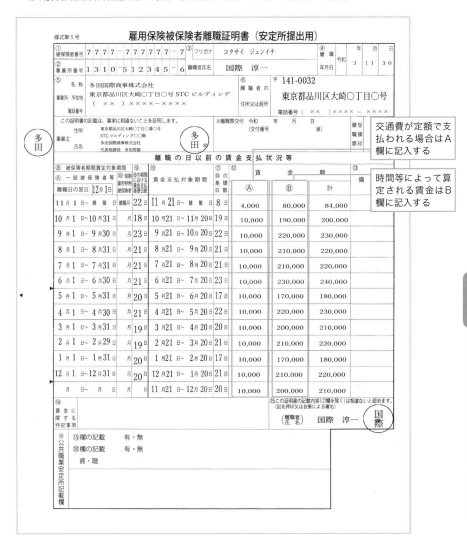

第**6**章

退職にかかる雇用保険の手続き ● 雇用保険

日給制（時給制）の事務所。賃金締切日／毎月20日。
離職日／令和△△年10月31日、交通費／月10,000円
留意事項：給与のうち主たる部分が労働した日、時間等によって算定される場合は、その主たる部分をB欄に記載し、労働日数等に関係なく一定の期間によって支払われた賃金（この場合交通費）をA欄に記入します。

（次頁に続く）　　65

離職理由欄の記入方法について

定年の場合は
就業規則のコ
ピーを添付

派遣以外で期間の
定めのある労働契
約満了の場合

特定理由離職者とな
るには…
雇用期間3年未満
契約更新の確約なし
労働者更新希望あり

自己都合の
場合

退職理由を具体的
に記載する

本人からの署名押印を得られない
場合はこちらにも会社の印を押す

離職理由の判定について

離職証明書の離職理由欄の各項目の内容は、離職理由の判定にあたり、事業主が主張する離職
理由を把握するために便宜上分類したものです。特定受給資格者または特定理由離職者の判断
基準とは異なります。離職理由の最終的な判定はハローワークで行うので、離職理由欄に記入
した離職理由と異なる場合があります。

Q&A　離職証明書について

Q1 特定受給資格者の場合は6か月分の記入でよい?

A1 **賃金支払基礎日数が11日以上ある月が通算して12か月以上になるよう記入します。**

失業給付の受給資格決定は、直近の離職理由によって確定します。

例えば、解雇等の会社都合で退職し、特定受給者としての要件を満たす6か月で離職票を交付され、退職後、失業給付を受給せずに早期に再就職先で被保険者となり、3週間で自己都合退職し、失業給付の手続きを行った場合、直近の離職理由は自己都合となるので、失業給付の受給資格決定には、賃金支払基礎日数が11日以上ある月が12か月以上必要となります。

既に交付した離職証明書に補正という形で後から6か月分加えるのは手続きが大変なので、特定受給者であっても、離職証明書の⑧⑨欄は賃金支払基礎日数が11日以上ある月が通算して12か月以上になるように記入します。

Q2 本人の署名押印が得られないときは?

A2 **理由を記載し、会社の代表印を捺印します。**

離職証明書に記載されている内容、特に離職理由の異議の有無について離職者本人の署名押印欄がありますが、有給消化等で会社に来ないなどの理由で本人から署名押印が得られない場合があります。このような場合は、「本人から署名が得られない理由」を記載し、かつ、会社の代表印を押印します。

Q3 退職者本人が退社した後に離職票の交付を希望してきたら?

A3 **退職後であっても、本人が交付を希望したら作成します。**

作成した離職証明書に「離職票」が交付された際の「資格喪失確認通知書（事業主通知用）」を添えて手続きを行います。

（次頁に続く）

定年と定年後の継続雇用制度

定年（65歳未満のものに限る）の定めをしている事業主については、65歳までの安定した雇用を確保するため、「定年の引上げ」「継続雇用制度の導入」「定年の定めの廃止」のいずれかの措置（「高年齢者雇用確保措置」といいます）を講じることが義務付けられました。なお、各企業で継続雇用制度の対象となる高年齢者に関する「基準」を労使協定により定めたときは、希望者全員を対象としない制度も可能です。

MEMO

Q4 高年齢雇用確保措置を講じない場合は？

A4 **「事業主都合退職（解雇）」となるので注意が必要です。**

事業主が必要な高年齢雇用確保措置を講じない場合や、継続雇用制度の基準に合致するにもかかわらず希望する労働者を継続雇用しない場合は、「事業主都合退職（解雇）」となるので、注意が必要です。

なお、改正高年齢者雇用安定法は令和3年4月から施行されています。

これにより「65歳までの雇用確保（義務）」と「70歳までの就業確保（努力義務）」が定められました。

改正高年齢者雇用安定法により以下の事業主については、高年齢者就業確保措置を講じるように努める必要があります。

・定年を65歳以上70歳未満に定めている事業主

・65歳までの継続雇用制度を導入している事業主

（70歳以上まで引き続き雇用する制度を除きます）

第**7**章

社会保険料の基礎知識

健康保険・介護保険・厚生年金保険 ・雇用保険・ 社会保険料の随時改定

保険料と徴収

健康保険　厚生年金保険

社会保険料とは、年金や医療など、国民に生涯健やかで安心できる生活を保障するため、または国民生活の安定が損なわれた場合に生活を支える給付を行うため、国民や企業から徴収する保険料のことをいいます。被保険者の負担する社会保険料には、厚生年金保険料、健康保険料、介護保険料などがあります。

健康保険料率

協会けんぽの一般保険料率

都道府県ごとに設定されています。

● 都道府県別保険料率（令和3年3月分から）

保険料率	都道府県名	保険料率	都道府県名	保険料率	都道府県名
10.68%	佐賀県	10.11%	石川県、和歌山県	9.84%	東京都
10.45%	北海道	10.06%	京都府	9.83%	岐阜県、宮崎県
10.36%	鹿児島県	10.04%	広島県	9.81%	三重県
10.30%	大分県	10.03%	山形県、島根県	9.80%	埼玉県
10.29%	大阪府、徳島県、熊本県	10.01%	宮城県	9.79%	千葉県、山梨県
		10.00%	奈良県	9.78%	滋賀県
10.28%	香川県	9.99%	神奈川県	9.74%	岩手県、茨城県
10.26%	長崎県	9.98%	福井県	9.72%	静岡県
10.24%	兵庫県	9.97%	鳥取県	9.71%	長野県
10.22%	山口県、愛媛県、福岡県	9.96%	青森県	9.66%	群馬県
		9.95%	沖縄県	9.64%	福島県
10.18%	岡山県	9.91%	愛知県	9.59%	富山県
10.17%	高知県	9.87%	栃木県	9.50%	新潟県
10.16%	秋田県				

健康保険組合の一般保険料率

各健康保険組合ごとに保険料率（30/1000から130/1000の範囲内）が決められています。規約により事業主の負担割合を増加することができます。

▌介護保険料率（40歳以上65歳未満）

▌協会けんぽの介護保険料率

全国一律　**1.8%**となっています。

▌健康保険組合の介護保険料率

各健康保険組合ごとに保険料率が決められています。

▌厚生年金保険料率

平成29年9月以降は**18.3%の固定**となりました。

▌厚生年金基金の保険料率

老齢厚生年金の代行部分に必要な費用を掛金として、厚生年金基金に納付し、その分免除された保険料「免除保険料率」を厚生年金保険料として納めています。

免除保険料率は、24/1000から50/1000の範囲で厚生労働大臣が定めることになっています。

▌子ども・子育て拠出金

▌子ども・子育て拠出金率：0.36%

全額事業主負担で、厚生年金保険料と一緒に納付します。厚生年金の保険料を納める会社は、仕事・子育て両立支援事業等の財源の一部となる「子ども・子育て拠出金」を同時に納めます。**全額会社負担**のため、従業員の給与からの控除はありません。子どもの有無に関わらず、厚生年金に加入している従業員全員の拠出額を計算して納付します。

● 社会保険料の納付のしくみ

（例）4/1入社
当月末締め
当月20日払の場合

4/20	5/20	5/31
控除 なし	4月分 控除	4月分 納付

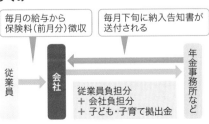

ONE POINT

介護保険料

65歳になるまでは健康保険とあわせて徴収されます。65歳以降の介護保険料については、年金から天引きする特別徴収か、納付書や口座振替で納付する普通徴収のどちらかで納めます。

サラリーマンの国民年金保険料は？

厚生年金保険料の中に国民年金保険料が含まれています。

自営業者の保険料は？

国民健康保険加入者であり、国民年金の第1号被保険者（自営業者、農業従事者、学生、フリーター、無職者）は、政府が定める月額保険料を納付することによって年金保険料を支払う形となっています。

MEMO

02 保険料計算

健康保険　厚生年金保険

社会保険では、個々の従業員の給与額に基づいて標準報酬月額が決められていて、標準報酬月額ごとに定められている保険料を給与から控除することになります。毎月の給与から前月分の保険料を控除することができます。ただし、月末に退職するために、退職月の保険料を控除する必要がある場合には、前月と当月の2か月分を控除することができます。

Step1
社会保険料の
計算

- ☐ 標準報酬月額×健康保険料率
- ☐ 標準報酬月額×厚生年金保険料率

※厚生年金基金に加入している場合
- ☐ 標準報酬月額×厚生年金基金掛金

Step2
社会保険料の
控除

- ☐ 暦月単位で計算・徴収

※1日入社でも末日入社でも1か月として計算

Step3
社会保険料の
納付

（当月分を翌月末日までに）
- ☐ 「納入告知書」が年金事務所より送付
  ➡ 金融機関窓口で直接納付

or

- ☐ 銀行口座からの振替

Step4
納付後

- ☐ 納付が確認できたら
  年金事務所より「領収証書」が送付される

社会保険料の計算

社会保険料（月額）は「標準報酬月額×保険料率」で決定

標準報酬月額に保険料率を乗じて得た額を、従業員と会社が折半負担します。

標準報酬月額とは

社会保険では、納める保険料の額を決定したり保険給付の額を決定したりするときに、計算の元になるものを給与そのものの金額ではなく、区切りのよい幅で区分した「標準報酬月額」を使用します。健康保険は50等級、厚生年金保険は32等級に区分されています。

報酬月額に含まれるもの／含まれないもの

給与で支給されるすべての額が報酬月額に含まれるわけではありません。対象となるものとならないものを確認しましょう。

	通貨により支給されるもの	現物支給されるもの
報酬に含まれる	基本給 諸手当（通勤手当、住宅手当、家族手当、役付手当、残業手当等） 労基法の休業手当 賞与（年4回以上支給されるもの ※年額÷12を月額に算入）	通勤定期券 自社製品 社宅・寮（現物給与の価額） 食事・食券（　　〃　　）
含まれない	恩恵的なもの（結婚祝い金、災害見舞金など） 臨時的なもの（退職金、解雇予告手当など） 実費弁償的なもの（出張旅費など） 賞与（年3回以下支給されるもの ※標準賞与額の対象となる）	勤務服（制服、作業着など） 社宅・寮（本人負担額が現物の価額以上のときは報酬に含まれない） 食事・食券（本人負担額が現物給与の価額の2/3以上のときは報酬に含まれない）
標準賞与額	賞与（年3回以下支給されるもの ※賞与、決算手当、期末一時金など、定期的ではなく一時的に支給されるもの）	現物支給の賞与

ONE POINT

法律では千分率表示

保険料率は、法律上は千分率表示になっています。たとえば、9.87%は1,000分の98.7となります。

通勤手当は1か月単位に

3か月や6か月といった単位でまとめて通勤手当を支給している場合、報酬月額には1か月単位に直した額を含めます。

保険料の納付

保険料の納付は、翌月中旬頃に「納入告知書」が管轄年金事務所から送付され、その月の末日までに納付します。事業所の取引金融機関の預金口座から自動引き落としされる自動払いの手続きをしておくと便利です。

同一月内に入退社した場合は？

その月は1か月分の保険料を納付することになります。この場合も日割り計算は行われません。

MEMO

▌社会保険料の控除

　健康保険・厚生年金保険の毎月の保険料は、被保険者の資格を取得した月から、その資格を喪失した月の前月までの分について、月を単位として納付します。日割り計算は行われません。前月分の保険料を当月支払う給与から控除して徴収します。さかのぼって数か月分を控除することはできません。ただし、月末退社の場合は前月分と当月分合わせて2か月分を控除できます。

▌保険料額表の見方

令和3年3月分（4月納付分）からの健康保険・厚生年金保険の保険料額表

・健康保険料率：令和3年3月分〜 適用　　・厚生年金保険料率：平成29年9月分〜 適用
・介護保険料率：令和3年3月分〜 適用　　・子ども・子育て拠出金率：令和2年4月分〜 適用

（東京都）　　　　　　　　　　　　　　　　　　　　　　　　　　　　　　　（単位：円）

標準報酬		報酬月額		全国健康保険協会管掌健康保険				厚生年金保険料(厚生年金基金加入員を除く)	
				介護保険第2号被保険者に該当しない場合		介護保険第2号被保険者に該当する場合		一般、坑内員・船員	
				9.84%		11.64%		18.300%※	
等級	月額			全額	折半額	全額	折半額	全額	折半額
		円以上	円未満						
1	58,000	～	63,000	5,707.2	2,853.6	6,751.2	3,375.6		
2	68,000	63,000 ～	73,000	6,691.2	3,345.6	7,915.2	3,957.6		
3	78,000	73,000 ～	83,000	7,675.2	3,837.6	9,079.2	4,539.6		
4(1)	88,000	83,000 ～	93,000	8,659.2	4,329.6	10,243.2	5,121.6	16,104.00	8,052.00
5(2)	98,000	93,000 ～	101,000	9,643.2	4,821.6	11,407.2	5,703.6	17,934.00	8,967.00
6(3)	104,000	101,000 ～	107,000	10,233.6	5,116.8	12,105.6	6,052.8	19,032.00	9,516.00
7(4)	110,000	107,000 ～	114,000	10,824.0	5,412.0	12,804.0	6,402.0	20,130.00	10,065.00
8(5)	118,000	114,000 ～	122,000	11,611.2	5,805.6	13,735.2	6,867.6	21,594.00	10,797.00
9(6)	126,000	122,000 ～	130,000	12,398.4	6,199.2	14,666.4	7,333.2	23,058.00	11,529.00
10(7)	134,000	130,000 ～	138,000	13,185.6	6,592.8	15,597.6	7,798.8	24,522.00	12,261.00
11(8)	142,000	138,000 ～	146,000	13,972.8	6,986.4	16,528.8	8,264.4	25,986.00	12,993.00
12(9)	150,000	146,000 ～	155,000	14,760.0	7,380.0	17,460.0	8,730.0	27,450.00	13,725.00
13(10)	160,000	155,000 ～	165,000	15,744.0	7,872.0	18,624.0	9,312.0	29,280.00	14,640.00
14(11)	170,000	165,000 ～	175,000	16,728.0	8,364.0	19,788.0	9,894.0	31,110.00	15,555.00
15(12)	180,000	175,000 ～	185,000	17,712.0	8,856.0	20,952.0	10,476.0	32,940.00	16,470.00
16(13)	190,000	185,000 ～	195,000	18,696.0	9,348.0	22,116.0	11,058.0		
					9,840.0				
20(17)	260,000	250,000 ～	270,000	25,584.0	12,792.0	30,264.0	15,132.0	47,580.00	23,790.00
21(18)	280,000	270,000 ～	290,000	27,552.0	13,776.0	32,592.0	16,296.0	51,240.00	25,620.00
22(19)	300,000	290,000 ～	310,000	29,520.0	14,760.0	34,920.0	17,460.0	54,900.00	27,450.00
23(20)	320,000	310,000 ～	330,000	31,488.0	15,744.0	37,248.0	18,624.0	58,560.00	29,280.00

❶等級と標準報酬月額　　❷報酬月額　　❸保険料（健康保険＋介護保険＋厚生年金保険）

Let's try!　実際の保険料額表を確認してみましょう♪

●（例）Aさん41歳の場合

基本給：260,000円　通勤費（月額）：15,000円　残業代見込：20,000円

STEP1　報酬月額を計算

基本給：260,000円＋通勤費（月額）：15,000円＋残業代見込：20,000円＝**295,000円**

STEP2　保険料額表の該当する行を確認 ➡❷をcheck!

報酬月額295,000円が当てはまるのは、「290,000以上310,000未満」の行です。

STEP3　該当する行の標準報酬月額を確認 ➡❶をcheck!

標準報酬月額は**300,000円**（健康保険：22等級・厚生年金保険：19等級）となります。

STEP4　該当する行の保険料を確認 ➡❸をcheck!

41歳なので、介護保険第2号被保険者（40歳以上65歳未満）に該当し、給与から控除する保険料額は**17,460円**（健康保険料＋介護保険料）＋**27,450円**（厚生年金保険料）となります。

03 標準報酬月額の決定方法

健康保険　厚生年金保険

月額の社会保険料は「**標準報酬月額×保険料率**」で算出されます。**標準報酬月額**とは、会社から支払われる毎月の給料などの報酬の月額を区切りのよい幅で区分したものです。毎月の給料などの報酬の月額を**報酬月額**といい、**報酬月額**の届出により**標準報酬月額が決定（改定）**されます。標準報酬月額の決定（改定）方法と実施時期を確認しましょう。

▌標準報酬月額の決定（改定）時期と適用期間

標準報酬月額は、❶入社したときに決定される「資格取得時決定」、❷報酬が大幅に変動したときに改定される「随時改定」、❸毎年決まった時期に見直される「定時決定」、❹産前産後休業者・育児休業者が職場復帰し、報酬に変動があったときなどに改定される「産前産後休業終了時改定」「育児休業等終了時改定」によって、決定された標準報酬月額と現在の報酬額との間に大きなズレが生じないよう、見直しや改定が行われます。

決定（改定）の種類	内容と実施時期	適用期間
❶資格取得時決定	● 入社したとき	● 1～5月入社の場合 ➡入社年の8月まで ● 6～12月入社の場合 ➡翌年の8月まで
❷随時改定	● **固定的給与の変動**により、標準報酬月額の等級に**2等級以上の差**が生じたとき ※4か月目から改定	● 1～6月改定の場合 ➡当年の8月まで ● 7～12月改定の場合 ➡翌年の8月まで
❸定時決定	● **毎年7月**（7月1日～10日）に年金事務所や健康保険組合へ届出（算定基礎届） 原則として、7月1日在籍の全従業員（被保険者）が対象 ※4～6月の3か月間の支給給与の平均（平均報酬月額）で決定	● 9月～翌年8月 ※一般的には翌月控除なので10月支給の給与から控除開始
❹産前産後休業終了時改定・育児休業等終了時改定	● **休業終了時**に3歳未満の子（産前産後休業の場合は出生児）を養育し、休業前より**1等級以上の差**が生じたとき ※休業終了後4か月目から改定	● 改定月が1～6月の場合 ➡当年の8月まで ● 改定月が7～12月の場合 ➡翌年の8月まで

75

社会保険料の随時改定（月額変更届）

健康保険 　厚生年金保険

昇給などによって報酬が著しく変動した場合に、被保険者が実際に受ける報酬と標準報酬月額との間に隔たりが生じ、実態と合わないものになることがあります。その場合、著しい変動があった月の4か月目から標準報酬月額の改定を行います。これを**「随時改定」**といいます。随時改定のときの届出は「月額変更届」といい、実務上、略して**「月変（げっぺん）」**と呼ばれます。

Step1
必要書類の確認

☐ 賃金台帳
※固定的賃金に変動があった月の前月以降4か月分

Step2
提出書類

☐ 健康保険厚生年金保険　被保険者報酬月額変更届

Step3
提出先

加入している健康保険組合、年金事務所、厚生年金基金へ

Step4
返却された書類の処理

☐ 健康保険厚生年金保険
　 被保険者報酬月額改定通知書 ‥‥‥‥‥‥‥‥‥‥ 　会社保管
※固定的賃金の変動した月から4か月目に新しい標準報酬月額に改定する

▌随時改定の基礎知識

▌月額変更対象者

被保険者が以下の要件全てに該当した場合に対象になります。

(1) 固定的賃金の変動または賃金体系に変動があったこと
(2) 変動月以降の継続した3か月間の報酬で算出した標準報酬月額と現在の標準報酬月額との差が2等級以上あること
(3) 変動月以降の継続した3か月の支払基礎日数がすべて17日以上であること

▌固定的賃金および賃金体系の変動とは

(1) 昇給または降給
(2) 家族手当・通勤手当などの固定的な手当の変更
(3) パートタイマー、アルバイトの時給の変更
(4) 賃金体系（時給から月給へなど）の変更

▌固定的賃金と非固定的賃金とは

(1) 固定的賃金：稼働や能率に関係なく一定額（率）が継続して支給されるもの
　（例）基本給、通勤手当、住宅手当、家族手当、役付手当、時給の基礎単価など
(2) 非固定的賃金：稼働実績によって支給されるもの
　（例）残業手当、宿日直手当、皆勤手当、能率手当など

▌月額変更届の必要の有無

▌固定的賃金の変動と月額変更

固定的賃金の増加以上に残業手当などの非固定的賃金が減少して3か月間の平均額が下がった場合、逆に、固定的賃金の減少以上に残業手当など非固定的賃金が増加して3か月間の平均額が上がった場合は、たとえ2等級以上の差が生じたとしても月額変更には該当しません。

● **月額変更届の早見表（△は上がり、▼は下がり）**

固定的賃金	△	△	△	△	▼	▼	▼	▼
非固定的賃金	△	△	▼	▼	▼	▼	△	△
支払基礎日数17日以上	有	無	有	有	有	無	有	有
2等級以上の差	△	△	△	▼	▼	▼	▼	△
月額変更届提出の有無	有	無	有	無	有	無	有	無

ONE POINT

支払基礎日数17日未満の月がある場合の月額変更届

3か月の間に支払基礎日数が17日未満の月が1か月でもある場合は、月額変更届の提出は不要です。

改定の際のパートタイマー、アルバイトの扱い

パートタイマー、アルバイトの従業員が、たまたま3か月連続でたくさん働いて給料が増え、2等級以上の差が生じたとしても、時給アップなどの固定的賃金の上昇がないかぎり月額変更できません。2等級以上下がる場合も同じ考え方です。

上級

上限・下限は1等級差

随時改定は2等級差が条件ですが、標準報酬月額が上限（健康保険50等級、厚生年金32等級）や下限（1等級）の場合は、1等級相当の変動（健康保険の標準報酬月額が141万5,000円以上に昇給など）があれば1等級差でも随時改定を行います。

（次頁に続く） 77

月変の流れを確認しましょう♪

Step1

昇給や降給など、固定的賃金に変動があったか？

YES →

Step2

変動月以降引き続く3か月とも支払基礎日数が17日以上あるか？

YES →

Step3

変動月から3か月間の報酬の平均額と現在の標準報酬月額に2等級以上の差があるか？

YES →

月額変更届の提出が必要

NO ↓　　NO ↓　　NO ↓

月額変更届の提出不要

● **固定的賃金の変動から保険料を変更するまでの流れ**

（例）給与：月末締め翌月25日払い　4月分（5月25日支給）より給与改定があった場合

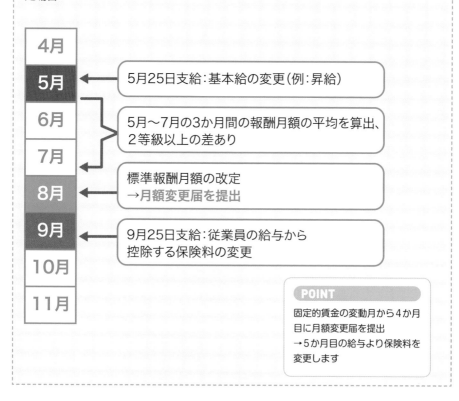

4月	
5月	5月25日支給：基本給の変更（例：昇給）
6月	5月〜7月の3か月間の報酬月額の平均を算出、2等級以上の差あり
7月	
8月	標準報酬月額の改定 →月額変更届を提出
9月	9月25日支給：従業員の給与から控除する保険料の変更
10月	
11月	

POINT

固定的賃金の変動月から4か月目に月額変更届を提出 →5か月目の給与より保険料を変更します

▌月額変更届の計算例

❶【社員】通勤手当を変更したとき

通勤経路変更により、1月支給給与から通勤手当を変更（3,000円増額）したとき　　**従前報酬月額：190,000円**

月	支払基礎日数	基本給	残業手当	通勤手当	合計
1月	31日	185,000	32,000	13,000	230,000
2月	28日	185,000	37,000	13,000	235,000
3月	31日	185,000	22,000	13,000	220,000

（230,000 ＋ 235,000 ＋ 220,000）÷ 3

＝ 228,333円（円未満切捨て）

➡改定後の標準報酬月額：220,000円　　※2等級UP

❷【パート】時給単価を変更したとき

12月昇給により、1月支給給与から時給単価を変更（50円増額）したとき　　**従前報酬月額：180,000円**

月	支払基礎日数	基本給	残業手当	通勤手当	合計
1月	18日	180,000	15,000	3,000	198,000
2月	18日	180,000	20,000	3,000	203,000
3月	17日	170,000	20,000	3,000	193,000

（198,000 ＋ 203,000 ＋ 193,000）÷ 3

＝ 198,000円

➡改定後の標準報酬月額：200,000円　　※2等級UP

❸【社員】さかのぼって昇給があり、昇給差額が支給されたとき

11月にさかのぼって昇給（基本給15,000円増額）したことにより、1月に昇給差額（11月・12月の基本給増額分計30,000円）が支給されたとき　　**従前報酬月額：220,000円**

月	支払基礎日数	基本給	残業手当	通勤手当	昇給差額	合計
1月	31日	215,000	30,000	10,000	30,000	285,000
2月	28日	215,000	25,000	10,000	-	250,000
3月	31日	215,000	20,000	10,000	-	245,000

1月：285,000 － 30,000（昇給差額）＝ 255,000円

（255,000 ＋ 250,000 ＋ 245,000）÷ 3 ＝ 250,000円

➡改定後の標準報酬月額：260,000円　　※2等級UP

ONE POINT

さかのぼって昇給があったとき

さかのぼって昇給があり昇給差額が支給された場合は、差額が支給された月を変動月として、差額を差し引いた3か月間の平均月額が該当する等級と従前の等級との間に2等級以上の差が生じる場合、随時改定の対象となります。

MEMO

第7章

社会保険料の基礎知識 ● 健康保険・介護保険・厚生年金保険・雇用保険・社会保険料の随時改定

05 雇用保険料の計算と徴収

雇用保険

労働保険料とは労災保険料と雇用保険料のことをいいます。労災保険料は事業主負担のみですが、雇用保険料は事業主（会社）と従業員とで負担します。

MEMO

雇用保険料の本人と会社負担額の違い

算出方法

　毎月の賃金総額に雇用保険料率を掛けて求めます。よって、雇用保険料の控除額は毎月変わります。賃金総額とは、給与（賞与）で支払われる労働の対償となる賃金の総額をいいます。給与の場合、基本給、諸手当等の総額で社会保険料および所得税を控除する前の金額です。

保険料率

　雇用保険料は一般の事業の場合、0.9％（令和3年度現在）です。健康保険料と違い、会社と従業員の折半ではありません。会社が0.6％負担し、本人負担分の0.3％分を毎月の給与から控除します。

雇用保険料の徴収

高年齢の免除措置の終了

　平成29年1月1日より65歳以上の従業員も被保険者になり、雇用保険料が免除されていましたが、**令和2年4月より免除終了**となりました。

育児休業中などでも雇用保険は免除にならない

　育児休業や産前産後休業中は、健康保険料と厚生年金保険料が免除になりますが、雇用保険料は免除になりません。賃金が発生しなければ雇用保険料も発生しませんが、賃金が発生した場合は通常どおり雇用保険料を徴収します。

▌端数処理は 50 銭を超えたら切り上げ

雇用保険料の計算で生じた端数処理は、健康保険料などと同じです。50銭を超えたら切り上げ、50銭以下は切り捨てです。ただし、就業規則などで特別な取り決めがあれば、1円未満切り捨てなども可能です。

▌雇用保険料の納付

雇用保険料は労災保険料と合わせて、年に一回申告・納付します。これを労働保険料の年度更新といいます。4月1日から翌年3月31日までに従業員に支払われる賃金総額の見込み額を計算し、事前に申告・納付します。3月31日を過ぎてから、実際に従業員に支払った賃金総額を計算し、事前に納付した保険料との差額を精算します。

第7章 社会保険料の基礎知識 ● 健康保険・介護保険・厚生年金保険・雇用保険・社会保険料の随時改定

Let's try! 雇用保険料を計算してみましょう♪

● **雇用保険料の計算式と本人負担分の出し方**

賃金総額 × 本人負担雇用保険料率0.3%（「一般の事業」の場合） = 本人負担雇用保険料

（例）賃金総額22万2,500円の場合

基本給：210,000円＋通勤費（月額）：12,500円＝**222,500円**

222,500円×0.3％＝667.5円＝**667円**

※**50銭以下は切り捨て**
※雇用保険料は本人負担分だけを毎月徴収します。本人負担分、会社負担分、労災保険料（全額会社負担）をあわせた労働保険料を毎年1回、年度更新でまとめて納付します。

POINT

社会保険料と違い、当月の給与額によって雇用保険料の額が変わります。

● **雇用保険料率**

令和3年度の雇用保険料率

負担者　事業の種類	①労働者負担（失業等給付・育児休業給付の保険料率のみ）	②事業主負担	失業等給付・育児休業給付の保険料率	雇用保険二事業の保険料率	①＋②雇用保険料率
一般の事業	3/1,000	6/1,000	3/1,000	3/1,000	9/1,000
（2年度）	3/1,000	6/1,000	3/1,000	3/1,000	9/1,000
農林水産・※清酒製造の事業	4/1,000	7/1,000	4/1,000	3/1,000	11/1,000
（2年度）	4/1,000	7/1,000	4/1,000	3/1,000	11/1,000
建設の事業	4/1,000	8/1,000	4/1,000	4/1,000	12/1,000
（2年度）	4/1,000	8/1,000	4/1,000	4/1,000	12/1,000

（枠内の下段は令和2年度の雇用保険料率）

こんなときどうする？ Q&A　原則の考え方では集計に迷う事例

Q1 賞与が年4回支給となったときは？

A1 賞与ではなく「報酬」とみなされます。

賞与が年に4回以上支給となった場合、これは賞与ではなく「報酬」とみなされます。そのため、賞与支払届の提出は不要ですが、この年4回の賞与を12か月で按分して算定の計算とします。つまり賞与支払いの際、社会保険料控除はなくなりますが、毎月の社会保険料の等級は高くなると考えられます。

Q2 入社月に退職した場合（同月得喪）の健康保険料・厚生年金保険料の扱いは？

A2 健康保険料と厚生年金保険料は月単位で発生するため、同月内に入退社があった場合でも従業員・会社ともに1か月分の保険料がかかります。

ただし、厚生年金については例外があり、次のいずれかに該当する場合、保険料がかかりません。

その者に支払う給与がなく控除できない場合には、口座振込等により、資格喪失した者に別途求償しなくてはなりません。

（1）退職後、同一月にさらに別の会社に就職し、厚生年金に加入した場合
（2）退職後、同一月に国民年金に加入した場合

この場合、年金事務所から会社あてに厚生年金保険料の還付のお知らせが届き、保険料が還付されます。
その後会社から従業員へ保険料を還付する流れになります。

Q&A　社会保険料の徴収と納付

Q1 2つ以上の事業所に勤務する被保険者の保険料はどちらかの事業主が納める？

A1 社会保険と雇用保険で異なります。

❶社会保険

同時に2か所以上の事業所に勤務する被保険者は、いずれか1つの事業所を選択し、「被保険者所属選択・二以上事業所勤務届」を選択した事業所を管轄する事務センター（年金事務所）に届出ます。この届出がなされると、被保険者の給与は両事業所からの給与を合算した額となります。負担する保険料は、各事業所における被保険者の報酬月額に応じた額になり、それぞれの事業所が納めることになります。保険料の納入告知書も別々に届きます。

❷雇用保険

雇用保険の場合は、生計の主となる賃金を受ける会社で加入し、加入した会社の給与のみで保険料を算出し、納付します。

Q2 資格喪失した者に関する保険料について、その者に支払う給与がないため控除できない場合、保険料の納付は不要？

A2 保険料は納付する必要があります。

その者に支払う給与がなく控除できない場合には、口座振込等により、資格喪失した者に別途求償しなくてはなりません。

● **当月払いの月末退職の場合は2か月分控除**

健康保険と厚生年金保険の**資格喪失日**は、**退職日の「翌日」**です。そのため月末退職の場合だけは退職月（退職日のある月）の翌月が資格喪失となるため、当月分の保険料が発生します。しかし、給与が当月払いの場合は、翌月の給与支給はなく控除できないため、退職月の最終給与で2か月分を控除します。

（例）

3月31日退職：当月末締め当月25日払いの場合

➡最終給与（3/25支給）にて2か月分（2月分および3月分）の社会保険料を控除

MEMO

第**7**章 社会保険料の基礎知識●健康保険・介護保険・厚生年金保険・雇用保険・社会保険料の随時改定

社会保険の手続きを行う上で保険料の仕組みを理解することはとても大切です。
本章で社会保険料の基礎知識をしっかり整理しましょう♪

第**8**章

年次業務

社会保険料の徴収と納付・
社会保険料の定時決定・
労働保険料の年度更新・
賞与支給時の社会保険料

社会保険料の定時決定（算定基礎届）

健康保険　厚生年金保険

毎年7月1日現在の被保険者全員について、その年の4月、5月、6月に受けた賃金に基づいて9月以降に適用される新たな標準報酬月額を決定します。これを**「定時決定」**といいます。毎年7月1日から7月10日までに、**「算定基礎届」**を提出します。

Step1 必要書類の 確認	☐ 賃金台帳（3月〜6月） ☐ 出勤簿

Step2 提出書類	☐ 健康保険厚生年金保険 被保険者算定基礎届 ☐ 総括表 ←令和3年4月1日から廃止 ☐ 厚生年金保険 70歳以上被用者算定基礎届 ※ ☐ 二以上事業所勤務者算定基礎届 ※ 　　　　　　　　　　　　　　　　※該当者がいる場合のみ

Step3 提出期限と 提出先	加入している健康保険組合、年金事務所、厚生年金基金へ **毎年7月1日から7月10日まで**

Step4 返却された 書類の処理	☐ 健康保険厚生年金保険 被保険者標準報酬月額決定通知書 　　　　　　　　　　　　　　　　会社保管 ※その年の9月から翌年8月まで（または月変や育児休業終了時改定が行われるまで）の間、新しい標準報酬月額が適用される

▌定時決定の基礎知識

▌算定基礎届提出対象者

　原則として7月1日現在の被保険者すべてが対象となりますが、以下に該当する人を除きます。

(1) 6月1日以降に新たに被保険者となった人

(2) 7月から9月までのいずれかの月に随時改定もしくは育児休業終了時改定が行われる人、または行われる予定の人

▌提出期限および提出先

　7月1日から7月10日までに年金事務所、健康保険組合、厚生年金基金へ提出します。

▌標準報酬月額の算定方法（原則）

▌対象月

　被保険者が4月・5月・6月に受けた報酬の平均額を計算します。

● 定時決定の流れ

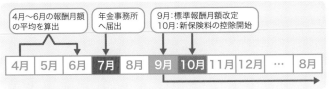

▌支払基礎日数

　その月の報酬を計算する基礎となった日数をいい、**17日未満の月を除きます。**

(1) 月給制・週給制の場合のカウント方法

　　出勤日数に関係なく、給与の支払対象期間の暦日数が支払基礎日数となります。ただし、欠勤日数分だけ給与が減額されるような場合には、所定労働時間日数からその欠勤日数を差し引いた日数が支払基礎日数となります。

(2) 日給制・時給制の場合のカウント方法

　　出勤日数が支払基礎日数となります。有給休暇の取得日は出勤日数に含めます。

第8章　年次業務　● 社会保険料の徴収と納付・社会保険料の定時決定・労働保険料の年度更新・賞与支給時の社会保険料

（次頁に続く）　87

保険者とは

保険事業の運営主体の
ことを保険者といいま
す。健康保険の保険者
には、全国健康保険協
会と健康保険組合の2
種類があります。
厚生年金の保険者は政
府（日本年金機構が運
営）となります。

保険者算定のケース

保険者算定になるのは、
支払基礎日数がないと
きのほか、給料の遅配
やさかのぼった昇給差
額支給、低額の休職給
などで、算定結果が著
しく実態と合わなくな
るときに行われます。
従来の標準報酬月額の
ほか、過去1年間の平
均給与が使われること
もあります。

標準報酬月額の算定方法（例外）

保険者算定

保険者が標準報酬月額を算定します。

算定が困難なとき

（1）4月・5月・6月の各月とも支払基礎日数が17日未満

（2）病気や欠勤などで3か月間に全く報酬を受けないとき

（3）育児休業や介護休業で3か月間に全く報酬を受けないとき

著しく不当になるとき

（1）4月・5月・6月のいずれかの月に、3月分以前の給与の
遅配分または3月以前にさかのぼった昇給分の差額を受
けたとき➡3月分以前の給与の遅配分、昇給差額分を除
きます。

（2）4月・5月・6月のいずれかの月の給与が、7月以降に遅
配したとき➡7月以降に支払われる月を除きます。

（3）4月・5月・6月のいずれかの月に、低額の休職給を受
けたとき➡低額の休職給を受けた月を除きます。

算定基礎届・標準報酬月額の計算例

❶【社員】原則的なパターン

月	支払基礎日数	基本給	残業手当	通勤手当	合計
4月	30日	200,000	50,000	10,000	260,000
5月	31日	200,000	30,000	10,000	240,000
6月	30日	200,000	20,000	10,000	230,000

3か月とも支払基礎日数が17日以上になるので、3か月分の報酬を3で
割ります。

（26万円＋24万円＋23万円）÷3＝24万3,333円（円未満切り捨て）
➡標準報酬月額：240,000円

❷【社員】病気で欠勤し、支払基礎日数が17日未満の月があ
るとき

月	支払基礎日数	基本給	残業手当	通勤手当	合計
4月	11日	120,000	6,000	10,000	136,000
5月	31日	200,000	40,000	10,000	250,000
6月	30日	200,000	20,000	10,000	230,000

4月の支払基礎日数が17日未満になるので、5月・6月の2か月分の平
均を出します。

（25万円＋23万円）÷2＝24万➡標準報酬月額：240,000円

❸【パート】4月・5月・6月の支払基礎日数がすべて17日未満のとき

月	支払基礎日数	基本給	残業手当	通勤手当	合計
4月	16日	160,000	10,000	10,000	180,000
5月	14日	140,000	5,000	10,000	155,000
6月	15日	150,000	10,000	10,000	170,000

支払基礎日数が15日以上の4月・6月の2か月分の平均を出します。
(18万円＋17万円)÷2＝17万5,000円➡標準報酬月額：180,000円

❹【社員】賞与が1年に4回以上支払われたとき

(R2※/9月40万円、R2/12月30万円、R3/3月10万、R4/6月40万円　1年間の賞与支給合計額が120万円の場合)

月	支払基礎日数	基本給	残業手当	通勤手当	賞与	合計
4月	30日	200,000	40,000	10,000	100,000	350,000
5月	31日	200,000	30,000	10,000	100,000	340,000
6月	30日	200,000	20,000	10,000	100,000	330,000

賞与が前年7月1日〜当年6月30日までに4回以上支給されている場合、総額を12で割って1か月分を算出し各月の報酬に含めます。

❺【社員】育児休業中/病気欠勤中で、給料の支払いがないとき

育児休業中または病気欠勤中で給与の支払いが全くない場合は、定時決定による等級の変更はありません。ただし、算定基礎届の提出は必要です。支払基礎日数とすべての給与を「0」とし、備考欄に育児休業中/病気欠勤中である旨を記載します。

月	支払基礎日数	基本給	残業手当	通勤手当	合計
4月	0日	0	0	0	0
5月	0日	0	0	0	0
6月	0日	0	0	0	0

❻4月・5月入社のとき

6月1日よりも前に途中入社した場合、算定基礎届を提出する必要はありますが、入社月の給与が日割計算となる場合(1か月分支給されない場合)は、入社の翌月以降からが算定対象月になります。

※文中のRは令和

第8章　年次業務 ※ 社会保険料の徴収と納付・社会保険料の定時決定・労働保険料の年度更新・賞与支給時の社会保険料

(次頁に続く)

ONE POINT

同日得喪とは？

60歳以上定年後再雇用
で、定年退職をした日
に1日の空白もないま
ま再雇用契約を結んだ
場合、被保険者の「資
格喪失」と「資格取得」
が同時にできます。
これを「同日得喪」と
いいます。これによっ
て、再雇用した月に再
雇用後の給与にあわせ
た保険料とすることが
できます。これは再雇
用の場合、給与が下が
ることをかんがみて、
従業員の負担を軽減す
る措置とされています。

MEMO

❼ **3か月平均額と年平均額の間に2等級以上の差が生じるとき**

算定基礎届による標準報酬月額は通常4月、5月、6月の3か月間の報酬
額の平均で決定されますが、前年7月〜当年6月までの1年間の報酬の
平均額（支払基礎日数17日未満の月を除く）と比べて2等級以上の差が
あり、この差が業務の性質上、例年発生することが見込まれる場合は、
申立てにより年間平均額で保険者算定することができます。

こんなときどうする？ **Q&A** 原則の考え方では集計に迷う事例

Q1 給与締め日の途中で入社した場合は？

A1 **給与の締め日に注意しましょう。**

給与締め日は会社によってさまざまです。給与支払期間の
途中で入社する社員も少なくありません。たとえば、給与
の締め日が毎月20日の場合、4月1日に入社すると給与支
払期間の途中入社となります。この場合は本来の月額給与
額ではなく、日割り計算をした給与を支払います。支払基
礎日数が17日あっても、その月は算定の計算対象月に入れ
ず、翌月からが算定対象月となるので注意しましょう。

Q2 産前産後休業中、育児休業中の場合は？

A2 **支払基礎日額が17日以上あれば算定対象です。**

産前産後休業や育児休業などに入った場合でも、原則どお
り、支払基礎日数が17日あった場合は算定の対象としま
す。つまり5月の途中から休業を開始し、4月の支払基礎
日数が30日、5月の支払基礎日数が17日、6月の支払
基礎日数が0日の場合は、4月と5月が算定対象となりま
す。

Q3 定年同日得喪があった場合は？

A3 **給与の締め日に注意しましょう。**

60歳定年後再雇用制度を設け、再雇用後の給与が下がる
人が4月、5月、6月に再契約を締結した場合は注意が必
要です。考え方は、新たに雇用契約を結ぶので途中入社し
た場合と同様です。つまり定年後再雇用契約を5月10日
に結んだ場合、再雇用後の5月は途中入社の扱いとなるた
め、算定の対象は6月の給与のみとなります。

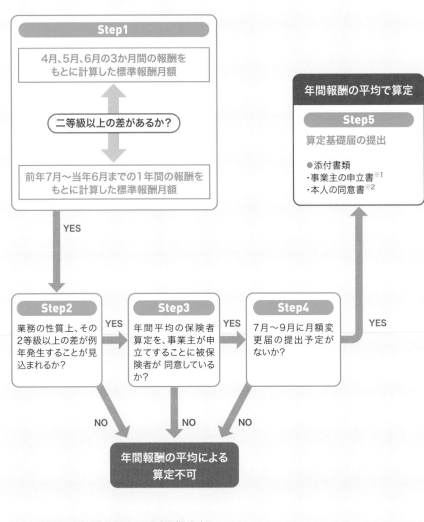

Let's try! 年間報酬の平均で算定する流れを確認しましょう♪

Step1

4月、5月、6月の3か月間の報酬を
もとに計算した標準報酬月額

⇕

二等級以上の差があるか？

⇕

前年7月～当年6月までの1年間の報酬を
もとに計算した標準報酬月額

年間報酬の平均で算定

Step5

算定基礎届の提出

●添付書類
・事業主の申立書※1
・本人の同意書※2

YES

Step2

業務の性質上、その
2等級以上の差が例
年発生することが見
込まれるか？

YES →

Step3

年間平均の保険者
算定を、事業主が申
立てすることに被保
険者が 同意している
か？

YES →

Step4

7月～9月に月額変
更届の提出予定が
ないか？

YES

NO   NO   NO

**年間報酬の平均による
算定不可**

※1 年間報酬の平均で算定することの申立書（様式1）
※2 保険者算定申立に係る例年の状況、標準報酬月額の比較及び被保険者の同意等（様式2）
　　P.92、P.93の記入例参考

第8章
年次業務 ・ 社会保険料の徴収と納付・社会保険料の定時決定・労働保険料の年度更新・賞与支給時の社会保険料

（次頁に続く）　91

● 例年4月～6月は繁忙期のため残業代が増加する事業所の場合

月	支払基礎日数	基本給	残業手当	通勤手当	合計
4月	30日	205,000	56,600	10,000	271,600
5月	31日	205,000	65,400	10,000	280,400
6月	30日	205,000	55,600	10,000	270,600

従前の標準報酬月額
健保：220,000円
厚年：220,000円

● 令和3年7月～令和4年6月の支給額

月	令和3年7月	8月	9月	10月	11月	12月
基本給	205,000	205,000	205,000	205,000	205,000	205,000
残業手当	14,000	0	1,500	2,500	4,800	13,500
通勤手当	10,000	10,000	10,000	10,000	10,000	10,000
合計	229,000	215,000	216,500	217,500	219,800	228,500

月	令和4年1月	2月	3月	4月	5月	6月	年間合計
基本給	205,000	205,000	205,000	205,000	205,000	205,000	2,460,000
残業手当	4,000	0	33,300	56,600	65,400	55,600	251,200
通勤手当	10,000	10,000	10,000	10,000	10,000	10,000	120,000
合計	219,000	215,000	248,300	271,600	280,400	270,600	2,831,200

4月、5月、6月の3か月間の報酬をもとに計算した標準報酬月額　＝（271,600＋280,400＋270,600）÷3＝274,200…Ⓐ

⇒標準報酬月額：280,000円

二等級以上の差あり

前年7月～当年6月までの1年間の報酬をもとに計算した標準報酬月額　＝令和3年7月～令和4年6月の報酬の合計÷12

＝235,933円（円未満切り捨て）…Ⓑ

新しい標準報酬月額　⇒標準報酬月額：240,000円

● 算定基礎届記入例

年間平均を○で囲む

● 年間報酬の平均で算定することの申立書（様式１）　記入の注意点

（様式１）

千代田年金事務所長　　　　様

> 事業所の所在地を管轄する
> 年金事務所名を記入する

年間報酬の平均で算定することの申立書

> 業種は正確に、年間報酬の平均で算定
> することの理由は具体的に記入する

　当事業所は ○○○○○ 業を行っており、（当事業所内の○○部門では、）毎年、４月から６月までの間は、 ○○○○○○ の理由により繁忙期となることから、健康保険及び厚生年金保険被保険者の報酬月額算定基礎届を提出するにあたり、健康保険法第４１条及び厚生年金保険法第２１条の規定による定時決定の算定方法によると、年間報酬の平均により算出する方法より、標準報酬月額等級について２等級以上の差が生じ、著しく不当であると思料するため、健康保険法第４４条第１項及び厚生年金保険法第２４条第１項における「報酬月額の算定の特例」（年間）にて決定するよう申立てします。

　なお、当事業所における例年の状況、標準報酬月額の比較及び被保険者の同意等の資料を添付します。

> 提出日および事業所所在地
> 等、事業所情報を記入する

　令和４年　７月　７日
　事業所所在地　　東京都品川区大崎○丁目○番○号　STCビルディング○○階
　事業所名称　　　多田国際商事株式会社
　事業主氏名　　　代表取締役　多田智雄
　連　絡　先　　　×× (××××) ××××

※　業種等は正確に、理由は具体的に記入いただくようお願いします。

● 保険者算定申立に係る例年の状況、標準報酬月額の比較及び被保険者の同意等（様式２）記入の注意点

保険者算定申立に係る例年の状況、標準報酬月額の比較及び被保険者の同意等

【申請にあたっての注意事項】
- この用紙は、算定基礎届をお届けいただくにあたって、年間報酬の平均で決定することを申し立てる場合に必ず提出してください。
- この用紙は、定時決定にあたり、4、5、6月の報酬の月平均と年間報酬の月平均に2等級以上差があり、年間報酬の平均で決定することに同意する方のみ記入してください。
- また、被保険者の同意を得ている必要がありますので、同意欄に被保険者の氏名を記入してください。
- なお、標準報酬月額は、年金や傷病手当金など、被保険者が受ける保険給付の額にも影響を及ぼすことにご留意下さい。

事業所整理記号	77-7777		事業所名称	多田国際商事株式会社

被保険者整理番号	被保険者の氏名	生 年 月 日	種別
77	国際 淳一	平成2年7月1日	1

【前年7月～当年6月の報酬額等の欄】

算定基礎月の報酬支払基礎日数		通貨によるものの額	現物によるものの額	合計
3 年 7 月	31 日	229,000 円	0 円	229,000 円
3 年 8 月	31 日	215,000 円	0 円	215,000 円
3 年 9 月	30 日	216,500 円	0 円	216,500 円
3 年 10 月	31 日	217,500 円	0 円	217,500 円
3 年 11 月	30 日	219,800 円	0 円	219,800 円
3 年 12 月	31 日	228,500 円	0 円	228,500 円
4 年 1 月	31 日	219,000 円	0 円	219,000 円
4 年 2 月	28 日	215,000 円	0 円	215,000 円
4 年 3 月	31 日	248,300 円	0 円	248,300 円
4 年 4 月	30 日	271,600 円	0 円	271,600 円
4 年 5 月	31 日	280,400 円	0 円	280,400 円
4 年 6 月	30 日	270,600 円	0 円	270,600 円

> 各月の報酬額の合計額を記入するが、支払基礎日数17日未満の月があれば、その月は記入しないで横棒（─）を引く。
> ただし、短時間就労者の場合は、支払基礎日数が15日以上の月を記入する

【標準報酬月額の比較欄】※全て事業主が記入してください。

従前の標準報酬月額	健 康 保 険	厚 生 年 金 保 険
	220 千円	220 千円

前年7月～本年6月の合計額（※）	前年7月～本年6月の平均額（※）	健 康 保 険		厚 生 年 金 保 険	
		等級	標準報酬月額	等級	標準報酬月額
2,831,200 円	235,933 円	19	240 千円	16	240 千円

本年4月～6月の合計額（※）	本年4月～6月の平均額（※）	健 康 保 険		厚 生 年 金 保 険	
		等級	標準報酬月額	等級	標準報酬月額
822,600 円	274,200 円	21	280 千円	18	280 千円

2等級以上（〇又は×）	修 正 平 均 額（※）	健 康 保 険		厚 生 年 金 保 険	
		等級	標準報酬月額	等級	標準報酬月額
〇	235,933 円	19	240 千円	16	240 千円

> 左欄の「前年7月～本年6月の平均額」および「本年4月～6月の平均額」および「修正平均額」に対応する健康保険・厚生年金保険の等級および標準報酬月額を記入する

【標準報酬月額の比較欄】の（※）部分を算出する場合は、以下にご注意ください。
① 支払基礎日数17日未満（短時間労働者は11日未満）の月の報酬額は除く。
② 短時間就労者の場合は、通常の方法で算出した標準報酬月額（当年4月～6月）の支払基礎日数を17日以上の月の報酬の平均とした場合
                    れば、その月も年間平均の算定の対象と入する。
③   5日以上17日未満の月の報酬の平均とした場合には、「年間平均の算定の対象とする。
④   伴う休業手当等を受けた月を除く。
⑤   受けた場合は、その遡及分に当たる報酬の額を除く。
             になることにより、その支払われたのはずだった月を
             6月の平均額」を記入。
⑥ 上記①～④に該当した場合は、その旨を【備考欄】に記入する。

> 「休職」、「一時帰休」等を表示する。短時間就労者は、「パート」と記入する。また、遡及して昇給し、昇給分が一括して支払われた月がある場合は、その旨を記入する

【被保険者の同意】
私は本年の定時決定にあたり、年間報酬額の平均で決定することを希望しますので、当事業所が申立てすることに同意します。

被保険者氏名　　　国際　淳一

> 必ず被保険者の氏名を記入する

【備考欄】

02 労働保険料の年度更新

労働保険

労働保険の保険料は、**年度（4月から翌3月）当初に概算で申告・納付し翌年度の当初に確定申告の上精算**することになっており、事業主は、前年度の確定保険料と当年度の概算保険料を併せて申告・納付します。毎年**6月1日から7月10日**の期限内に**「確定・概算保険料申告書」を提出**します。また、石綿健康被害救済法に基づく一般拠出金も、年度更新の際に労働保険料と併せて申告・納付することになっています。

第8章 年次業務 ● 社会保険料の徴収と納付・社会保険料の定時決定・労働保険料の年度更新・賞与支給時の社会保険料

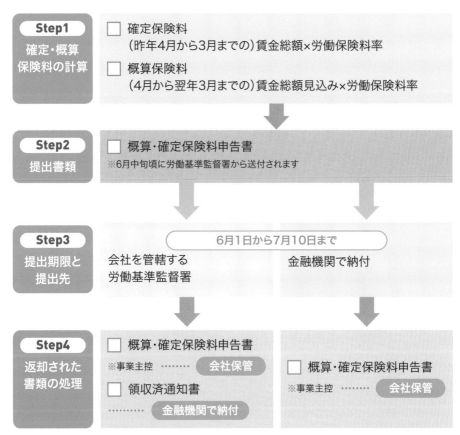

Step1
確定・概算
保険料の計算

- ☐ 確定保険料
  （昨年4月から3月までの）賃金総額×労働保険料率
- ☐ 概算保険料
  （4月から翌年3月までの）賃金総額見込み×労働保険料率

Step2
提出書類

- ☐ 概算・確定保険料申告書
  ※6月中旬頃に労働基準監督署から送付されます

Step3
提出期限と
提出先

6月1日から7月10日まで

会社を管轄する
労働基準監督署

金融機関で納付

Step4
返却された
書類の処理

- ☐ 概算・確定保険料申告書
  ※事業主控 ……… 会社保管
- ☐ 領収済通知書
  ……… 金融機関で納付

- ☐ 概算・確定保険料申告書
  ※事業主控 ……… 会社保管

延納申請をした場合は、さらに、第2期、第3期の保険料納付期限までに納付します。

（次頁に続く）　95

▌労働保険料とは

労災保険料と雇用保険料の総称です。

▌労災保険料

(1) 対象者：常用、日雇、パート、アルバイト等、名称および雇用形態にかかわらず、労働の対価として賃金を受けるすべての者が対象になります。

(2) 労災保険率：令和3年度（令和3年4月1日から令和4年3月31日）【平成30年4月1日施行】

事業の種類の分類	業種番号	事業の種類	労災保険率
林業	02又は03	林業	60
漁業	11	海面漁業（定置網漁業又は海面魚類養殖業を除く）	18
	12	定置網漁業又は海面魚類養殖業	38
鉱業	21	金属鉱業、非金属鉱業（石灰石鉱業又はドロマイト鉱業を除く）又は石炭鉱業	88
	23	石灰石鉱業又はドロマイト鉱業	16
	24	原油又は天然ガス鉱業	2.5
	25	採石業	49
	26	その他の鉱業	26
建設事業	31	水力発電施設、ずい道等新設事業	62
	32	道路新設事業	11
	33	舗装工事業	9
	34	鉄道又は軌道新設事業	9
	35	建築事業（既設建築物設備工事業を除く）	9.5
	38	既設建築物設備工事業	12
	36	機械装置の組立て又は据付けの事業	6.5
	37	その他の建設事業	15
製造業	41	食料品製造業	6
	42	繊維工業又は繊維製品製造業	4
	44	木材又は木製品製造業	14
	45	パルプ又は紙製造業	6.5
	46	印刷又は製本業	3.5
	47	化学工業	4.5
	48	ガラス又はセメント製造業	6
	66	コンクリート製造業	13
	62	陶磁器製品製造業	18
	49	その他の窯業又は土石製品製造業	26
	50	金属精錬業（非鉄金属精錬業を除く）	6.5
	51	非鉄金属精錬業	7
	52	金属材料品製造業（鋳物業を除く）	5.5

（単位：1/1,000）

それぞれの業種の過去3年間の災害発生状況などを考慮し、原則として3年ごとに改定されています。

料率は業種ごとに定められており、全額会社負担です。

事業の種類の分類	業種番号	事業の種類	労災保険率
製造業	53	鋳物業	16
	54	金属製品製造業又は金属加工業（洋食器、刃物、手工具又は一般金物製造業及びめつき業を除く）	10
	63	洋食器、刃物、手工具又は一般金物製造業（めつき業を除く）	6.5
	55	めつき業	7
	56	機械器具製造業（電気機械器具製造業、輸送用機械器具製造業、船舶製造又は修理業及び計量器、光学機械、時計等製造業を除く）	5
	57	電気機械器具製造業	2.5
	58	輸送用機械器具製造業（船舶製造又は修理業を除く）	4
	59	船舶製造又は修理業	23
	60	計量器、光学機械、時計等製造業（電気機械器具製造業を除く）	2.5
	64	貴金属製品、装身具、皮革製品等製造業	3.5
	61	その他の製造業	6.5
運輸業	71	交通運輸事業	4
	72	貨物取扱事業（港湾貨物取扱事業及び港湾荷役業を除く）	9
	73	港湾貨物取扱事業（港湾荷役業を除く）	9
	74	港湾荷役業	13
電気、ガス、水道または熱供給の事業	81	電気、ガス、水道又は熱供給の事業	3
その他の事業	95	農業又は海面漁業以外の漁業	13
	91	清掃、火葬又はと畜の事業	13
	93	ビルメンテナンス業	5.5
	96	倉庫業、警備業、消毒又は害虫駆除の事業又はゴルフ場の事業	6.5
	97	通信業、放送業、新聞業又は出版業	2.5
	98	卸売業・小売業、飲食店又は宿泊業	3
	99	金融業、保険業又は不動産業	2.5
	94	その他の各種事業	3
	90	船舶所有者の事業	47

（次頁に続く）

石綿（アスベスト）による健康被害を受けた方に対し、必要な救済費用は国・地方の拠出金に加えて、事業主によってまかなわれます。このため、労災適用の全事業主は労働保険料に併せて一般拠出金の申告・納付を行います。
一般拠出金は、業種を問わず、確定保険料に一律0.02/1000を掛けた金額になります。

高年齢労働者とは

保険年度の初日（4月1日）において満64歳以上である労働者であって、雇用保険の一般被保険者となっている方を指します。

MEMO

▌労働保険料とは

▌雇用保険料

(1) 対象者：被保険者すべてが対象となります。

※令和2年3月31日までの間は、高年齢労働者に関する雇用保険料が免除されていましたが、令和2年4月1日からは、高年齢労働者についても他の雇用保険被保険者と同様に雇用保険料の納付が必要となります。

(2) 雇用保険料率：令和3年度（令和3年4月1日から令和4年3月31日）

事業の種類	保険料（合算）	会社負担	被保険者負担
一般	9/1000	6/1000	3/1000
農林水産清酒製造	11/1000	7/1000	4/1000
建設	12/1000	8/1000	4/1000

▌賃金の範囲とは（例示）

賃金総額に算入するもの	賃金総額に算入しないもの
・基本給・固定給等基本賃金 ・超過勤務手当・深夜手当・休日手当等 ・扶養手当・子供手当・家族手当等 ・宿、日直手当 ・役職手当・管理職手当等 ・地域手当 ・住宅手当 ・教育手当 ・単身赴任手当 ・技能手当 ・特殊作業手当 ・奨励手当 ・物価手当 ・調整手当 ・賞与 ・通勤手当 ・定期券・回数券等 ・休業手当 ・雇用保険料その他社会保険料（労働者の負担分を事業主が負担する場合） ・住居の利益（社宅等の貸与を受けない者に対し均衡上住宅手当を支給する場合） ・いわゆる前払い退職金（労働者が在職中に、退職金相当額の全部又は一部を給与や賞与に上乗せするなど前払いされるもの）	・休業補償費 ・結婚祝金 ・死亡弔慰金 ・災害見舞金 ・増資記念品代 ・私傷病見舞金 ・解雇予告手当（労働基準法第20条の規定に基づくもの） ・年功慰労金 ・出張旅費・宿泊費等（実費弁償的なもの） ・制服 ・会社が全額負担する生命保険の掛金 ・財産形成貯蓄のため事業主が負担する奨励金等（労働者が行う財産形成貯蓄を奨励援助するため事業主が労働者に対して支払う一定の率又は額の奨励金等） ・創立記念日等の祝金（恩恵的なものでなく、かつ、全労働者又は相当多数に支給される場合を除く） ・チップ（奉仕料の配分として事業主から受けるものを除く） ・住居の利益（一部の社員に社宅等の貸与を行っているが、他の者に均衡給与が支給されない場合） ・退職金（退職を事由として支払われるものであって、退職時に支払われるもの又は事業主の都合等により退職前に一時金として支払われるもの）

労働保険料の納付のしかた

労働保険料の仕組み

　保険年度ごとに概算で保険料を納付し、保険年度末に賃金総額が確定したあとに精算します。

概算保険料・確定保険料とは

（1）概算保険料

今年度に**支払う見込み**の賃金総額×事業に応じて定められた労働保険料率

（2）確定保険料

前年度に**支払われた**賃金総額×事業に応じて定められた労働保険料率

● 令和4年の年度更新作業とは

令和3年度の確定保険料および令和4年度の概算保険料の申告・納付を令和4年6月1日から7月10日までの間に行います。

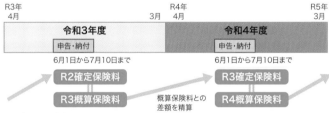

※図中のRは令和

労働保険料の納付

　6/1～7/10までに「申告書」を提出、保険料・一般拠出金を納付します。

納付方法①

申告書を金融機関に直接、申告納付するときは「提出用」は金融機関で受領され、事業主控えが返却されます。

納付方法②

申告書を管掌する労働基準監督署に提出し、後日、納付書で納付します。

納付方法③

あらかじめ電子証明書を取得することで電子申請が可能です。また、ペイジーにより電子納付することもできます。

（次頁に続く）　99

ONE POINT

特別加入者の保険料

特別加入者の保険料は、保険料算定基礎額に保険料率を乗じたものとなります。
通常の年度更新同様、6/1～7/10に申告納付します。

概算保険料の見込額

前年度の賃金総額の半分以上2倍以下であれば前年度の賃金総額をそのまま概算保険料の見込額とします。

追徴金

申告の期限までに確定保険料の申告がないときは、政府が保険料額の決定を行うとともに、追徴金が課せられます。追徴金の額は、保険料と拠出金の合計の10%です。

MEMO

第8章　年次業務・社会保険料の徴収と納付・社会保険料の定時決定・労働保険料の年度更新・賞与支給時の社会保険料

▌ 増加概算保険料の申告・納付

年度の中途において、事業規模の拡大・合併等により賃金総額の見込額が当初の申告より100分の200（2倍）を超えて増加し、かつ、その賃金総額による概算保険料の額が申告済の概算保険料よりも13万円以上増加する場合は、増加額を増加概算保険料として申告・納付しなければなりません。

▌ 労働保険料の延納

労働保険料は、次のいずれかに該当する場合、3回の分割による延納が可能です。

（1）継続事業における概算保険料の額が、40万円以上の場合
（労働保険・雇用保険のいずれか一方のみの成立の場合、20万円）

（2）労働保険事務組合に労働保険事務を委託している場合
（概算保険料の金額にかかわらず延納できます）

ただし、前年度に支払った概算保険料が不足していた場合の不足分は分割することはできません。よって、第1期に支払わなければなりません。

区分	第1期	第2期	第3期
期間	4/1～7/31	8/1～11/30	12/1～3/31
納期限（通常）	7/10	10/31	1/31
納期限（事務組合委託）	7/10	11/14	2/14

毎年5月下旬頃に、労働局から緑の封筒に入った年度更新の申請書が、郵送で届きます。7月10日の提出期限に間に合うよう、スケジュールに余裕を持って手続きしましょう。

■ 労災保険のメリット制

■ メリット制とは

　同一業種の事業主間の負担の公平を図るため、個々の事業ごとに、その事業に係る労働災害の多寡により一定範囲で労災保険率又は労災保険料を増減させる制度を言います。継続事業については、

(1) 労働者数が過去3年間100人以上の事業

(2) 過去3年間20人以上100人未満の労働者を使用する事業であって、それぞれ労災保険率（非業務災害率を除く）に労働者数を乗じて得た数が0.4以上の事業

について適用されます。

● メリット制の仕組み

令和1年	令和2年	令和3年	令和4年	令和5年

連続する3年度、この3年間の保険給付と保険料をもとに令和5年度の労災保険率を割引または割増

　メリット制が適用された労災保険率は、最大40％の増減となります。メリット労災保険率は労災保険率決定通知書に記載され、管轄の都道府県労働局歳入徴収官から「年度更新申告書」に同封してメリット制が適用される事業場に通知されます。

メリット制が適用された場合は、労働局から郵送される年度更新の申請書の保険料欄に「メリット」と印字されるんだニャー

ONE POINT

労災保険率の内訳

労災保険率には、通勤災害および二次健康診断等給付に要する費用として一律に1000分の0.6が含まれています。

労働保険事務組合

事業主の委託を受け事業主に代わって労働保険事務を処理するために厚生労働大臣の認可を受けた事業主の団体又は連合団体を指します。

MEMO

第8章

年次業務

社会保険料の徴収と納付・社会保険料の定時決定・労働保険料の年度更新・賞与支給時の社会保険料

（次頁に続く）

労働保険　確定保険料・一般拠出金算定基礎賃金

「雇用保険の被保険者の範囲」
雇用される労働者は、常用、パート、アルバイト、
派遣等、名称や雇用形態にかかわらず、
ア）1週間の所定労働時間が20時間以上であり、
イ）31日以上の雇用見込みがある場合
には原則として被保険者となる。
ただし、次に掲げる労働者等は除かれる。
季節的に雇用される者であって、次のいずれかに
該当するもの
・4か月以内の期間を定めて雇用される者
・1週間の所定労働時間が30時間未満である者

「労災保険・一般拠出金の対象労働者」
①雇用保険加入者の賃金を合計

②雇用保険非加入
者の賃金を合計

③合算した総額

小数点以下切り捨て

小数点以下切り捨て

● 労働保険　概算・確定保険料申告書　記入の注意点

昨年4月1日～今年3月31日までの各月の末日における使用労働者の合計人数を月数で割った数

昨年4月1日～今年3月31日までの各月の末日における雇用保険被保険者の合計人数を月数で除した数

様式第6号（第24条、第25条、第33条関係）（甲）（1）

労働保険 概算・増加概算・確定保険料 一般拠出金 申告書

31759

労働保険番号 **32701**

継続事業
（一括有期事業を含む。）

標準字体 **0123456789**

第3片「記入に当たっての注意事項」をよく読んでから記入して下さい。
OCR枠への記入は上記の「標準字体」でお願いします。

提出用

① 都道府県 所掌 管轄 基幹番号 枝番号
1 3 1 0 5 1 2 3 4 5 6 － 0 0 0

※ 各種区分
管轄（2）保険関係 業種 産業分類
XX XXX XXXX XX

あて先 〒102-8307
千代田区九段南1-2-1
九段第3合同庁舎12階

③確定保険料算定内訳

⑥常時使用労働者数 **2 2 6**
⑥雇用保険被保険者数 **2 0 7**

人数の小数点以下は切捨て

集計金額に1,000円未満の端数がある場合は切り捨てる

⑦区分
算定期間 令和2年4月1日 から 令和3年3月31日
⑧保険料・一般拠出金算定基礎額
⑩確定保険料・一般拠出金額（⑧×⑨）

労働保険料 　A
労災保険分 **7 5 6** 千円　B
雇用保険分 **7 2 1 6 4** 千円
一般拠出金 **7 5 6** 千円　C

前年度につき従業員に大きな変動がない場合は前年度の賃金総額を元に算出

⑪区分
算定期間 令和3年4月1日 から 令和4年3月31日 まで
⑫保険料算定基礎額の見込額
⑬保険料率
⑭概算・増加概算保険料額（⑫×⑬）

労働保険料 12.00
労災保険分 **7 5 6** 千円 3.00
一般拠出金 9.00

⑳延納の申請 納付回数 **3**

保険料納付回数「1」または「3」

⑯申告済概算保険料額 **5 7 6,5 8 5** 円

⑰申告済概算保険料額
⑱増加概算保険料額

⑲充当額 不足額 **2 9 9,8 8 0** 円

③①②①④⑥の（ロ）欄の金額の前に「¥」記号を付加せよ

⑳期別納付額

第1期 ㉒概算保険料充当額 **2 9 2,1 5 5** 円　（ニ）不足額＋（ハ）**2 9 9,8 8 0** 円 **5 9 2,0 3 5** 円
㉖一般拠出金充当額 **1,5 1 3** 円 ㉘今期納付額（ニ）＋（ヘ） **5 9 3,5 4 8** 円

第2期 **2 9 2,1 5 5** 円 **2 9 2,1 5 5** 円

第3期 **2 9 2,1 5 5** 円 **2 9 2,1 5 5** 円

事業又は作業の種類　その他の各種事業

㉙加入している労働保険　労災保険　雇用保険　㉚特掲事業　該当する　該当しない

郵便番号 141 - 0032

㉛事業
（イ）所在地 東京都品川区大崎○T目○番○号　STCビル○○階
（ロ）名称 多田国際商事株式会社

事業主
（イ）住所 東京都品川区大崎○T目○番○号　STCビル○○階
（ロ）名称 多田国際商事株式会社
（ハ）氏名 代表取締役 多田 智雄

社会保険労務士記載欄　作成年月日・提出代行者・事務代理者の表示　氏名　電話番号

延納の端数は必ず1期目に算入

前年度につき従業員に大きな変動がない場合は前年度の賃金総額を元に算出

申告済み保険料の金額が確定保険料の金額を上回った場合で、その差額を今年度の概算保険料に充当するときは「充当額」に、下回った場合は「不足額」に記入

（次頁に続く）　103

労働保険　概算・確定保険料申告書　計算の仕方

申告済概算保険料 ー 確定保険料 ＝ 充当額

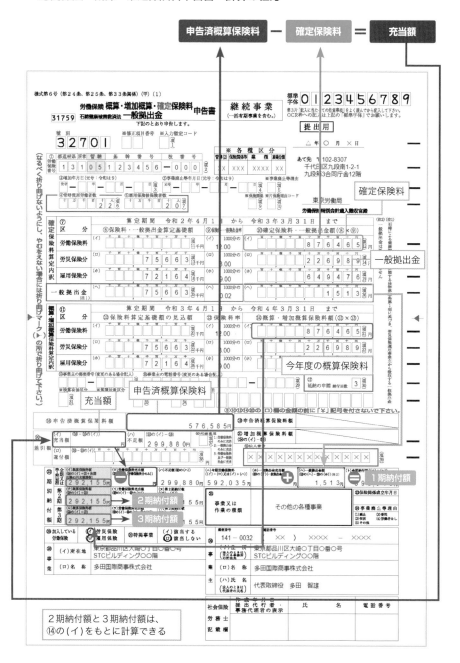

２期納付額と３期納付額は、⑭の（イ）をもとに計算できる

Q&A　労働保険料の年度更新のしくみ

Q1 事業所の所在地を移転（名称変更）した場合は？

A1 **申告書には新しい住所（名称）を記載します。**

新しい住所（名称）を記入し、領収済通知書については訂正せず、そのまま使用します。なお、変更があった場合には、早めに、労働基準監督署へ「労働保険 名称、所在地等変更届」、ハローワークへ「雇用保険 事業主事業所各種変更届」を提出します。

Q2 今後、事業を廃止することが確定している場合は？

A2 **概算保険料は、廃止までの金額で申告します。**

原則、確定保険料と同額ですが、廃止するまでの期間に支払われることが予定される賃金総額の見込み額を概算保険料として記入します。

Q3 還付額があるときは？

A3 **「還付請求書」も併せて提出します。**

申告書の提出だけでは還付されません。併せて「労働保険料・一般拠出金還付請求書」を提出します。

Q4 申告書を間違えて記入してしまった場合は？

A4 **同じ用紙に分かるように訂正してください。**

領収済通知書の納付金額以外であれば訂正できますので、訂正後の数字が分かるように書き直して下さい。訂正印は不要です。領収済通知書の納付額の訂正はできません。新しい用紙を使用します。用紙は最寄りの労働基準監督署に用意してあります。

Q5 保険料に小数点以下が発生した場合は？

A5 **小数点以下の端数は切り捨てになります。**

ただし、労災保険と雇用保険が同額の場合には別々に計算して切り捨てるのではなく、合計の保険料率を算定基礎額に乗じ、その後切り捨てます。

Q6 確定保険料を計算をしたところ不足額が発生し、概算保険料と合わせると40万を超える（概算保険料のみでは40万未満）場合の延納は？

A6 **延納できません。**

概算保険料のみで40万円を超える場合のみ延納可能です。

MEMO

第**8**章

年次業務 · 社会保険料の徴収と納付・社会保険料の定時決定・労働保険料の年度更新・賞与支給時の社会保険

105

03 賞与支給時の社会保険料

健康保険　厚生年金保険

賞与（年3回以下で支払われるもの）は、**1,000円未満を切捨てた額**（上限：健康保険 年度累計573万円、厚生年金保険 1か月につき150万円）を**「標準賞与額」**として、毎月の給与と同じ率を乗じて保険料を計算します。賞与を支給したときは賞与支給日から**5日以内に「被保険者賞与支払届」を提出**します。

Step1
社会保険料の計算

- ☐ 賞与額（1,000円未満切捨）×健康保険料率
- ☐ 賞与額（1,000円未満切捨）×厚生年金保険料率

※厚生年金基金に加入している場合

- ☐ 賞与額（1,000円未満切捨）×厚生年金基金掛金

Step2
社会保険料の控除

- ☐ 賞与より控除

Step3
提出書類

加入している健康保険組合、年金事務所、厚生年金基金へ

- ☐ 被保険者賞与支払届 ── 支払日から5日以内
- ☐ 厚生年金保険 70歳以上被用者賞与支払届 ※

※該当者がいる場合のみ

Step4
返却された書類の処理

- ☐ 標準賞与額決定通知書 ⋯⋯⋯⋯⋯⋯⋯⋯⋯ 会社保管

Step5
納付

- ☐ 毎月の保険料に合算した「納入告知書」が年金事務所より届くので、月末までに納付します

▍賞与の対象とは

▍賞与の対象となるもの

　名称は問わず、労働の対償として受けるもののうち、年3回以下で支給されるもの

金銭によるもの	現物によるもの
・賞与、ボーナス、期末手当、決算手当など（年3回以下） ・定期性でなくても一時的に支給されるもの	・賞与等として自社製品など金銭以外で支給されるもの（金銭に換算する）

▍賞与の対象とならないもの

（1）年4回以上支給される賞与
（2）結婚祝金や大入袋など、労働の対償とならないもの

▍標準賞与額と保険料の計算

▍1,000円未満切捨て

　賞与支給額の1,000円未満を切り捨てた額を標準賞与額とします。

▍賞与の上限額

（1）健康保険および介護保険：年度（4月1日~翌3月31日）合計573万円
（2）厚生年金保険および子ども・子育て拠出金：同月内につき150万円

（例1）支給額	Aさん 25万5500円
健康保険 （標準賞与額）	25万5000円※1
厚生年金保険 （標準賞与額）	25万5000円※1

（例2）支給額	Bさん（1回目） 200万円
健康保険 （標準賞与額）	200万円
厚生年金保険 （標準賞与額）	150万円※2

※1　1,000円未満切捨て　　※2　上限150万円

▍保険料の計算

　標準賞与額にそれぞれの保険料率をかけて算出します。

ONE POINT

年4回以上支給される賞与
標準報酬月額の対象になります。

同一月内に2回以上の支払い
同一月内に同一被保険者に2回以上の賞与が支払われた場合は、合算した賞与額で「賞与支払届」を提出してください。

MEMO

Let's try! 賞与の保険料を計算してみましょう♪

● （例1）Aさん34歳　賞与支給額21万8,500円　東京都の事業所の場合

健康保険料：標準賞与額218,000円×健康保険料率9.84％＝21,451.2円※＝**21,451**円
厚生年金保険料：標準賞与額218,000円×厚生年金保険料率18.3％＝**39,894**円

※50銭以下は切り捨て

● （例2）Bさん59歳　賞与支給額200万円　東京都の事業所の場合

健康保険料：標準賞与額200万円×健康保険料率11.64％＝**232,800**円
厚生年金保険料：標準賞与額150万円×厚生年金保険料率18.3％＝**274,500**円

● 被保険者賞与支払届

賞与の支払年月日を記入する

1,000円未満を切り捨てた額を記入する。上限を超えている場合でも実際に支払われた金額を記入する

上記の支払日と同じ場合は記入不要

ア　通貨によるもの
イ　現物によるもの

賞与の場合の社会保険料の徴収と納付

Q1 標準賞与額の上限を超えた月以降は賞与支払届の提出は？

A1 **必要です。**
同一年度内に賞与が支払われた場合は、賞与支払届の提出が必要です。

Q2 資格を喪失した月に賞与が支払われた場合は？

A2 **保険料の対象にはなりませんが、賞与支払届の提出は必要です。**
❶社会保険料：資格喪失月なので徴収しません。
❷賞与支払届：資格喪失日の前日までに支払われた賞与は、賞与支払届の提出が必要です。

退職日と賞与支払日の関係
退職月に賞与が支払われる場合、"賞与支払日と退職日がいつなのか？"によって、賞与支払届の提出および社会保険料控除の要否が異なります。

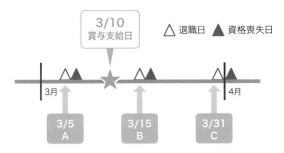

	A	B	C
賞与支払届の提出	×	○	○
社会保険料の対象	×	×	○

※同月に資格の得喪が行われた場合は、資格取得日から資格喪失日までに支払われた賞与は社会保険料の対象になり、賞与支払届の提出も必要となります。

ONE POINT

雇用保険について
雇用保険については賞与を支給する都度届出る必要がありません。年度更新時に申請します。

70歳以上の被用者への支払い
70歳以上の被用者に賞与の支払いをした場合は、「厚生年金保険70歳以上被用者賞与支払届」の届出が必要です。

MEMO

第**8**章

年次業務・社会保険料の徴収と納付・社会保険料の定時決定・労働保険料の年度更新・賞与支給時の社会保険料

Q3 転職、転勤した場合の賞与額の累計は？

A3 **保険者が同一の場合は累計されます。**

年度内に転職・転籍などがあった場合、保険者が同一であれば賞与額は累計されます。ただし、保険者が同一でない場合、賞与額は累計されません。

上限額（573万円）を超えるたびに**「健康保険標準賞与累計申出書」**の届出が必要となります。

（例）
協会けんぽ ➡ 協会けんぽへ

保険者が同一（健康保険の記号番号の変更がない）
➡累計されます。

協会けんぽ ➡ 健康保険組合へ

保険者が異なる（健康保険の記号番号の変更あり）
➡累計されません。

※上限額（573万円）を超えるたびに「健康保険標準賞与累計申出書」の届出が必要です。

Q4 育児休業中の賞与支払いは？

A4 **保険料は控除しませんが、支払届の提出は必要です。**

育児休業等による保険料免除期間中に支払われた賞与は、保険料の対象にはなりませんが、年度累計の対象となるため賞与支払届の提出が必要です。

Q5 賞与支払予定月に賞与支払いが無かったときは？

A5 **保険料は控除しませんが、健康保険・厚生年金保険賞与不支給報告書の提出が必要です（令和3年4月から）。**

令和3年4月1日以降、賞与支払予定月に賞与を支給しなかった場合は、総括表による不支給の届出の代わりに、**「健康保険・厚生年金保険賞与不支給報告書」**を提出することになりました。

第 **9** 章

従業員に出産育児介護が あったら

健康保険・厚生年金保険・雇用保険

01 出産、育児に関する給付と手続き

健康保険　厚生年金保険　雇用保険

本人が産休・育休に入る前に手続き内容を整理していきます。健康保険（健保）、厚生年金保険（厚年）、雇用保険（雇保）の手続きは以下の表のとおりです。

出産・育児に関連する手続き

区分	手続きの内容	提出先
産前休業	☐ 出産費用……出産育児一時金（健保） ☐ 産前産後休業中の 　社会保険料免除（健保・厚年） 　……産前産後休業取得者申出書	☐ 病院および 　健康保険組合 ☐ 年金事務所および 　健康保険組合
産後休業	☐ 休んだ時……出産手当金（健保） ☐ 出生した子を扶養家族にする 　……被扶養者異動届（健保）	☐ 協会けんぽまたは 　健康保険組合 ☐ 年金事務所および 　健康保険組合
育児休業	☐ 育児休業中の 　社会保険料免除（健保・厚年） 　……育児休業等取得者申出書 ☐ 育児休業給付金（雇用保険）	☐ 年金事務所および 　健康保険組合 ☐ ハローワーク
職場復帰後	☐ 予定よりも早く育児休業を終了した時 　……育児休業等取得者終了届 ☐ 養育期間報酬月額特例 　※育児休業を取得していない方（男性）も 　　対象となります	☐ 年金事務所および 　健康保険組合 ☐ 年金事務所
復帰から4か月後	☐ 産前産後休業終了時報酬月額変更届 ☐ 育児休業終了時報酬月額変更届	☐ 年金事務所および 　健康保険組合 ☐ 年金事務所および 　健康保険組合

▌労働基準法：産前産後休業

▌産前休業は申し出による

産前6週間（双子以上の妊娠の場合は14週間）以内に出産予定の**女性が休業を請求した場合**には、その者を就業させてはいけません。出産当日は産前6週間に含まれます。

▌産後休業は必ず取らせる

産後8週間を経過しない女性を就業させてはいけません。ただし、産後6週間を経た女性が請求した場合には、医師が支障ないと認めた業務に就業させることは差し支えありません。産後休業は女性従業員から請求がなくても与えなければなりません。

※出産予定日より遅れて出産した場合、予定日から出産当日までの期間は産前休暇となります。出産当日も産前に含まれます。

▌「育児・介護休業法」で定める育児に関する法律の概要

▌育児休業・介護休業制度

子が1歳（一定の場合は、1歳6か月、最長2歳）に達するまで（父母ともに育児休業を取得する場合は、子が1歳2か月に達するまでの間の1年間「パパ・ママ育休プラス」）の育児休業の権利を保障。

▌短時間勤務等の措置

3歳に達するまでの子を養育する労働者について、短時間勤務の措置（1日原則6時間）を義務づけ。

▌子の看護休暇制度

小学校就学前までの子が1人であれば年5日、2人以上であれば年10日を限度として看護休暇付与を義務づけ。

▌時間外労働の制限

小学校就学前までの子を養育し、または介護を行う労働者が請求した場合、1か月24時間、1年150時間を超える時間外労働を制限。

そのほか、所定外労働の免除、転勤についての配慮、深夜業の制限、不利益取扱いの禁止が定められています。

ONE POINT

妊産婦の労働時間・休日労働の制限

（1）妊産婦※が請求した場合には、時間外・休日労働をさせてはなりません。
（2）妊産婦が請求した場合には、1日8時間、1週40時間を超えて労働させることはできません。
※妊娠中の女性および産後1年を経過しない女性

育児時間

生後満1年に達しない生児を育てる女性から請求があった場合には、休憩時間のほかに、1日2回それぞれ少なくとも30分の生児を育てるための時間を与えなければなりません。

日本ではどれくらいの男性が育児休業を取得しているか？

厚生労働省の令和2年度「雇用均等基本調査」によると、女性の育児休業取得率は81.6%、それに対し、男性は12.65%と低いレベルに留まっています。男性の育児休業取得率については、令和7年度までに30%という目標が設定されています。（「子ども・子育てビジョン」参考指標）

MEMO

（次頁に続く）　113

▌出生時育児休業の創設（育介法9条）

▌育児介護休業法　第9条の2、3 出生時育児休業概要【施行日2022年10月1日】

1. 対象期間と日数：　**子の出生後8週間以内**の期間に、**4週間（28日）**まで（期間中**2回まで分割**）取得可能

2. 対象者：　　　　　原則、すべての労働者（日々雇用される者を除く）。有期雇用労働者は、「子の出生の日から起算して8週間を経過する日の翌日から6カ月を経過する日までに、その労働契約が終了することが明らかでない者」（**労使協定**を締結した場合、雇用期間が1年未満の労働者を対象から除外できる）

3. 手続き（申出）：　労働者は、分割取得する場合であっても**初めにまとめて2回分の休業を申し出る必要**がある

　（申出期限）：　　原則、**2週間前までに**申し出る必要があるが、**労使協定**を締結し一定の措置を講じた場合は、1か月以内の期間を申出の期限とできる

● 出生後8週間以内の育休取得例

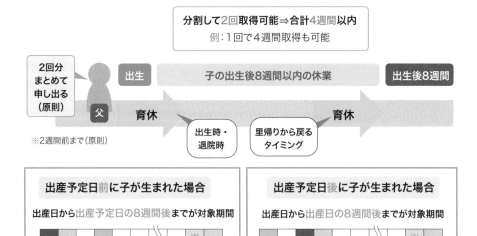

114

02 産前産後休業 出産手当金の手続き

健康保険

健康保険の被保険者が出産のために会社を休み、**会社から報酬を受けられない場合は**、出産手当金が支給されます。**この休業には所定休日も含まれます。**ただし、休業中に給与の支払があったときは、給与の方が出産手当金の給付日額より少ない場合は差額分が支給されます。

産前産後の手続き〜出産手当金

Step1
産前産後
休業取得

産前産後休業を取得
※労基法／原則として産前6週間（双子以上の妊娠の場合は14週間、産後8週間）

Step2
提出書類の
作成

 出産手当金支給申請書
※医師の証明が必要です

Step3
添付書類の
準備

☐ 出勤簿
☐ 賃金台帳
☐ 役員などで、出勤簿及び賃金台帳がない場合は、
　役員報酬を支給しないこととする議事録

Step4
提出先

 全国健康保険協会の各支部または健康保険組合へ
※産後期間の終了後一括請求または数回に分けて請求します

（次頁に続く） 115

ONE POINT

注意！

退職日に出勤したとき
は、継続給付を受ける
条件を満たさないため
に資格喪失後（退職日
の翌日）以降の出産手
当金は支給されません。

「支給開始日」とは

一番最初に出産手当金
が支給された日のこと
です。

※支給開始日以前の期
間が12か月に満た
ない場合は次のいず
れか低い額を使用し
て計算します。

ア. 支給開始日の属する
月以前の継続した各
月の標準報酬月額の
平均額

イ. 標準報酬月額の平均
額

出産手当金の支給を受ける条件

　被保険者が出産のため仕事を休み、給与を受けられない場合は、出産手当金が支給されます。

　なお、**被保険者の資格を失った場合**でも、資格喪失日の前日(退職日等)までに**被保険者期間が継続して1年以上あり、資格喪失日の前日（退職日等）に出産手当金の支給を受けているか**、受けられる状態であれば、被保険者期間中に引き続いて支給を受けることができます。

支給期間と支給額

1. 支給期間

　出産手当金は出産の日（出産が出産予定日より遅れた場合は出産予定日）以前42日（多胎妊娠の場合は98日）から出産日後56日までの期間で、支給要件を満たした期間について支給されます。なお、**出産日は出産の日以前**の期間に含まれます。また、出産が出産予定日より遅れた場合は、その期間を含めて支給されます。

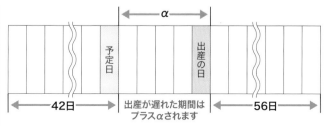

2. 支給額

　出産手当金の支給額は、1日につき支給開始日以前の継続**した12か月の各月の標準報酬月額を平均した額の30分の1（1円未満四捨五入）の3分の2に相当する額**です。給与の支払いがあって、出産手当金の額より少ない場合は、その差額が支給されます。

● 出産手当金支給申請書 （健康保険）

被保険者が出産のため仕事を休み、報酬がもらえないときには、仕事を休んでいた期間の生活費の一部として休業1日につき、支給開始以前12か月の標準報酬月額平均額を30日で割った額の2/3に相当する額です。これを「出産手当金」といいます。

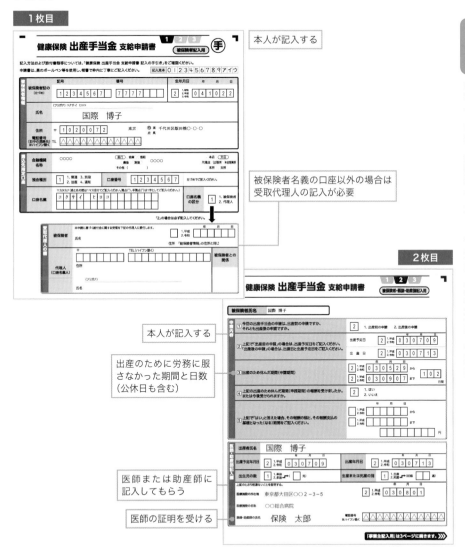

1枚目

本人が記入する

被保険者名義の口座以外の場合は
受取代理人の記入が必要

2枚目

本人が記入する

出産のために労務に服
さなかった期間と日数
（公休日も含む）

医師または助産師に
記入してもらう

医師の証明を受ける

（次頁に続く）　117

3枚目

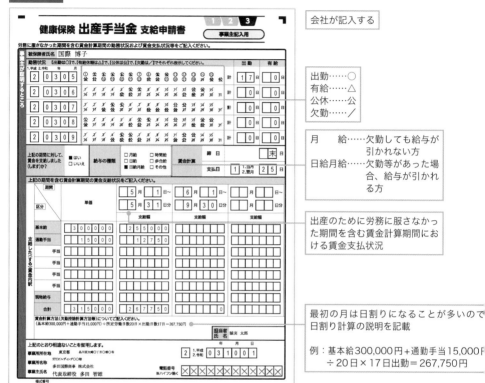

右欄の説明：

会社が記入する

出勤……○
有給……△
公休……公
欠勤……／

月　　給……欠勤しても給与が
　　　　　　引かれない方
日給月給……欠勤等があった場
　　　　　　合、給与が引かれ
　　　　　　る方

出産のために労務に服さなかっ
た期間を含む賃金計算期間にお
ける賃金支払状況

最初の月は日割りになることが多いので
日割り計算の説明を記載

例：基本給300,000円＋通勤手当15,000円
　　÷20日×17日出勤＝267,750円

必要事項及び添付書類

出産手当金支給申請書に記入し証明を受けるもの

・療養担当者（医師等）の意見書
・事業主の証明

振込希望口座について

・被保険者本人名義の口座を記入する

添付書類

・出勤簿のコピー
・賃金台帳のコピー

※協会けんぽは、添付書類不要

こんなときどうする？ Q&A 出産手当金

Q1 出産前に退職した場合の給付は？

A1 要件を満たせば出産手当金、出産育児一時金が支給されます。

出産手当金を受けている場合	被保険者資格を喪失した際に支給を受ける条件を満たしている場合は、産後56日まで受給することができます。 **受給の条件** 1.退職日までに引き続き被保険者期間が1年以上あること（任意継続期間を除く） 2.退職日において出産手当金を受給または未申請でも受給要件を満たしている場合 3.任意継続している場合も、資格取得日の前日まで引き続き被保険者期間が1年以上あること
6か月以内に出産	資格喪失日の前日（退職日）までに、継続した期間が1年以上あれば、出産育児一時金が支給されます。

Q2 出産手当金を受給していると被扶養者になれない？

A2 健康保険の被扶養者の収入要件は年間130万円とされており、将来に向けてこの金額の収入を得ることがなければ被扶養者として認定されます。
退職後に受給した給付日額が3,612円以上になった場合は、年間130万円以上の収入となるため、受給期間中は被扶養者になれない他、国民年金第3号被保険者にもなれません。

Q3 出産手当金と失業保険を両方受給するには？

A3 失業保険の受給期間の延長を行います。
出産などですぐに働けない場合、失業給付金の受給期間を最大4年まで延長することができます。出産手当金受給後、働ける状態になったときに延長を解除して失業給付金を受給すれば、両方貰うことが可能です。

知らないと損しちゃうこともあるんだニャー

ONE POINT

給与が無給の場合の雇用保険料

雇用保険料は毎月の給与の金額により算出されておりますので、無給の場合は雇用保険料を支払う必要はありません。

MEMO

03 出産時の手続き/出産育児一時金 (家族出産育児一時金)

健康保険

被保険者や被扶養者である家族が出産したときには、出産費の補助として、1児につき**42万円**が支給されます。(産科医療補償制度に加入していない医療機関で分娩される場合は、40.4万円となります。)これを**「出産育児一時金(家族出産育児一時金)」**といいます。

出産時の手続き～直接支払制度を利用

Step1
入院時の
手続き

1.保険証を医療機関に提示
2.医療機関の窓口などにおいて、申請・受取に係る代理契約を締結する

かかった費用等によって手続きが異なります (産科医療補償制度に加入している医療機関で出産した場合)

Step2
出産後の
手続き

出産費用が42万円以上であるかどうか

42万以上

42万未満

退院時に「不足分」を
医療機関窓口で支払います

退院時に医療機関窓口での支払はありません。「出産費用の内訳を記した明細書」を医療機関から受け取ります。その後「差額分」を健保に申請します

Coffee Break 出産育児一時金の直接請求

平成21年10月より、医療機関が被保険者に代わって、出産育児一時金を直接、健保等に請求する制度が導入されました。これにより出産費用が出産育児一時金の範囲内であれば、現金での支払いは無くなり、費用面での負担が軽減されるようになりました。(一部直接支払制度に対応していない医療機関もあります)

Q&A 出産育児一時金

Q1 妊娠4か月以上で流産した場合は？

A1 妊娠4か月以上での流産も出産と扱われ、出産育児一時金の対象となります。

健康保険における出産とは、妊娠4か月以上（85日以上）のものをさします。妊娠4か月以上（85日以上）であれば、正常分娩に限らず、早産、死産、流産であっても出産育児一時金は支給されます。

ただし、産科医療補償制度に加入の出産機関であっても、在胎週数22週未満の出産（流産、人工妊娠中絶を含む）した場合は、一児につき**40.4万円**となります。

Q2 退職後、夫の被扶養者になってから出産した場合は？

A2 出産育児一時金または家族出産一時金かを選択して請求します。

退職日まで継続して1年以上健康保険に加入していた方が、退職日の翌日から6か月以内に出産した時は、資格喪失後であっても出産一時金を受けることが可能です。出産育児一時金は被扶養者も対象となるため、退職後に家族の被扶養者になった場合には、資格喪失後の出産育児一時金か家族出産育児一時金のどちらかを選択することになりますので、重複して請求することはできませんので、いずれか一方を選択して請求することになります。

退職後に国民健康保険に加入した場合も、同様となります。

Q3 出産予定日を過ぎたとき、男性の育児休業開始日は？

A3 育児休業開始予定日より育児休業を取得できます。

子供が出産予定日を過ぎて生まれない場合でも、男性は育児休業開始予定日から育児休業を取得することができます。

ONE POINT

双子以上の出産育児一時金はいくら？

出産育児一時金は子ども1人につき42万円です。

産科医療補償制度に加入している医療機関の場合、双子なら84万円、三つ子なら126万円となります。また、勤め先の健康保険や自治体によっては「付加給付」といって42万円にいくらかプラスされることもあります。

帝王切開など高額な保険診療が必要な場合は？

限度額認定証を申請します。提示しないと、窓口負担が高額になることもありますので、退院時までに申請し、医療機関に提示してください。

MEMO

出産が予定日より遅れても、育休予定日から取得できるのは助かるニャー

04 社会保険料の免除

健康保険　厚生年金保険

被保険者が産前産後休業・育児休業等（育児休業又は育児休業の制度に準ずる措置による休業）をしている間については、**事業主と被保険者負担分の保険料が、被保険者からの申し出に基づき、事業主が年金事務所等に申し出ることにより免除されます。**

社会保険料免除

区分	手続きの内容
産前産後休業期間中	
健康保険 厚生年金保険	☐ 健康保険・厚生年金保険産前産後休業取得者申出書 ……休業開始後すみやかに提出
育児休業期間中	
健康保険 厚生年金保険	☐ 健康保険・厚生年金保険育児休業等取得者申出書 ……休業開始後すみやかに提出

 ONE POINT

改正　育児休業中の社会保険料の免除要件の見直し【施行日2022年10月1日】

現行法で、育児休業中の社会保険料（健康保険料、介護保険料、厚生年金保険料）の免除は、月の末日の時点で育児休業をしている場合に、当該月の保険料が免除される仕組みとなっています。そのため、月末に1日でも育児休業を取得していればその月の社会保険料（賞与保険料を含む）は免除される一方、例えば、月中に14日間育児休業を取得したとしても、休業期間に月の末日を含まない場合は、免除の対象となりません。

改正後は、①月の末日時点で育児休業を取得していることに加え、②育児休業期間に月末を含まない場合でも14日（2週間）以上休業した月については保険料が免除されます。また、賞与の保険料については、育児休業の取得期間が1か月を超える場合に限り免除することとされました。

免除期間

産前産後休業期間中

　産前産後休業期間（産前6週間（多児妊娠の場合14週間）から産後8週間）のうち、妊娠または出産を理由として被保険者が労務に従事しなかった期間が免除されます。

　申出書は、出産前に提出した場合、出産予定日がずれると変更届が必要となります。併せて、社会保険料の控除修正が必要になるケースも考えられます。よって、出産後の届出であれば、1回の提出で済むためお勧めしています。

Q&A　社会保険料の免除

Q1 産前産後休業申出書を提出するタイミングは？

A1 **産前産後期間中であれば、産前休業期間中（出産前）に提出することも、出産後に提出することもできます。**

ただし、産前休業期間中（出産前）に提出した場合で、実際の出産日が出産予定日よりも、早くなったり遅くなったりした場合は、変更届や終了届を提出する必要があります。

＜パターン1＞
産前休業期間中（出産前）に提出した場合で、予定日よりも、実際の出産日が早まったケース
➡状況により、「健康保険・厚生年金保険産前産後休業取得者申出書変更届」を提出します。

このケースは、産前休業が出産予定年月日を基準とした開始年月日より早まる場合があるので要注意。

＜パターン2＞
産前休業期間中（出産前）に提出した場合で、予定日よりも、実際の出産日が遅くなったケース
➡状況により、「健康保険・厚生年金保険産前産後休業取得者申出書変更届」を提出します。

＜パターン3＞
出産後の産前産後休業期間中に提出するケース
➡変更届等を提出する必要はありません。

第9章　従業員に出産育児介護があったら●健康保険・厚生年金保険・雇用保険

ONE POINT

産前産後休業中の社会保険の免除について

・申出書の提出にあたり、産前産後休業期間中における給与が、有給・無給であるかは問いません。

・免除された期間分も将来の年金額に、反映されます。

住民税は免除される？

住民税における免除の制度はありません。そのため、本人から保険料を振り込んでもらう（現金徴収）、もしくは普通徴収（個人納付）への切り替えを検討してもらう必要があります。

Coffee Break

社会保険料免除について

以前は、育児休業期間中のみ免除対象となっていましたが、平成26年4月30日以降に産前産後休業が終了となる方より、産前産後休業期間中（産前42日（多胎妊娠の場合は98日）、産後56日のうち、妊娠または出産を理由として労務に従事しなかった期間）の保険料が免除対象となりました。

出産後に産前産後休業期間中の保険料免除を申し出する

様式コード	
2 2 7 3	

健康保険
厚生年金保険
産前産後休業取得者
申出書/変更（終了）届

令和　　年　　月　　日提出

提出者記入欄

事業所整理記号　　　　　　— 7 7 7 7　→ 事業所整理記号を必ず記入する

届書記入の個人番号に誤りがないことを確認しました。

事業所所在地　〒 141 － 0032
東京都品川区大崎○丁目○番○号 STC大崎ビルディング○階

事業所名称　多田国際商事 株式会社

事業主氏名　代表取締役 多田 智雄

電話番号　××（××××）××××

受付印

社会保険労務士記載欄
氏 名 等

新規申出の場合は、被保険者整理番号を必ず記入する

変更・終了の場合は、共通記載欄に産前産後休業取得時に提出いただいた内容を記入のうえ、A.変更・B.終了の必要項目を記入してください。

共通記載欄（取得申出）

被保険者整理番号	1234	個人番号[基礎年金番号]	0 0 0 0 0 0 0 0 0 0 0 0

| 被保険者氏名 | → 出産予定年月日を必ず記入する | 被保険者生年月日 | 5.昭和 7.平成 9.令和 | 0 | 当てはまる出産種別を○で囲む |

| 出産予定年月日 | 9.令和 | 年 0 2 月 0 7 日 0 9 | 出産種別 | 0 単胎 1.多胎 | ※出産予定の子の人数が2人（双子）以上の場合に「1.多胎」を○で囲んでください。 |

| 産前産後休業開始年月日 | 9.令和 | 年 0 2 月 0 5 日 2 9 | 産前産後休業終了予定年月日 | 9.令和 | 年 0 2 月 0 9 日 0 7 |

以下の⑨〜⑪は、この申出書を出産後に提出する場合のみ記入してください。

| 出生児の氏名 | (フリガナ) コクサイ (氏) 国際　(名) ヒロキ 大樹 | 出産年月日 | 9.令和 | 年 0 2 月 0 7 日 1 3 |

| 備考 | |

出産児の氏名、出産年月日を記入する。多胎児の場合は、出生児の氏名を列記する

出産（予定）日・産前産後休業終了（予定）日を変更する場合 ※必ず共通記載欄も記入してください。

A.変更

| 変更後の出産（予定）年月日 | 9.令和 | 年 月 日 | 変更後の出産種別 | 0. 単胎 1.多胎 |
| 産前産後休業開始年月日 | 9.令和 | 年 月 日 | 産前産後休業終了予定年月日 | 9.令和 | 年 月 日 |

予定より早く産前産後休業を終了した場合 ※必ず共通記載欄も記入してください。

B.終了

| 産前産後休業終了年月日 | 9.令和 | 年 月 日 |

必要事項および添付書類

添付書類および事業主の押印は不要です。

育児休業期間中

育児休業を開始した日の属する月から終了する日の翌日が属する月の前月までの期間（ただし、子が3歳に達するまで）のことをいいます。

● 保育所の待機等の特別な事情により、1歳を超えて取得する場合

産後 8週間	1歳に達するまでの育児休業	1歳から1歳6か月に達するまでの期間「特別な事情がある場合の育児休業」	1歳6か月から2歳に達するまでの期間「特別な事情がある場合の育児休業」	養育する子が1歳（1歳6か月または2歳）から3歳に達するまでの育児休業に準ずる措置による休業
産前産後休業取得者申出書を提出の場合は免除	第1回 申請	第2回 申請	第3回 申請	第4回 申請
	保険料免除期間			

● 特別な事情がなく1歳を超えて取得する場合

産後 8週間	1歳に達するまでの育児休業	養育する子が1歳（1歳6か月または2歳）から3歳に達するまでの育児休業に準ずる措置による休業
産前産後休業取得者申出書を提出の場合は免除	第1回 申請	第2回 申請
	保険料免除期間	

休業中の社会保険料は免除されますが、将来の年金は減らないので安心です！

（次頁に続く）　125

ONE POINT

取締役の産前産後休業と育児休業の社会保険料の免除はできる？

（1）産前産後休業は、労働基準法の規定によらず、健康保険・厚生年金保険制度で定める休業となり、労働基準法の対象とならない取締役も対象となります。

（2）育児休業は、育児休業法に基づく休業が対象となるため、育児休業の対象とならない取締役は社会保険料は免除されません。

休業期間中に賞与の支払いがあったら

休業期間中に、賞与の支払いがあった際も、同様の期間（産前産後休業・育児休業）中は、社会保険料免除の対象となります。ただし、賞与の支払届は必要になります。

MEMO

第9章 従業員に出産育児介護があったら ● 健康保険・厚生年金保険・雇用保険

育児休業等取得者申出書 健康保険 厚生年金保険

様式コード
2263

健康保険
厚生年金保険

育児休業等取得者申出書(新規・延長)/終了届

令和　年　月　日提出

提出者記入欄

事業所整理記号	ー7777
事業所所在地	届書記入の個人番号に誤りがないことを確認しました。 〒 141 － 0032 東京都品川区大崎○丁目○番○号 STC大崎ビルディング○階
事業所名称	多田国際商事 株式会社
事業主氏名	代表取締役 多田 智雄
電話番号	×× （ ×××× ） ××××

事業所整理記号を必ず記入する

受付印

社会保険労務士記載欄
氏 名 等

被保険者整理番号を必ず記入する

新規申出の場

延長・終了の場合は、共通記載欄に育児休業取得時に提出いただいた内容を記入のうえ、A.延長 B.終了の必要項目を記入してください。

共通記載欄(新規申出)

① 被保険者整理番号	1234
② 個人番号[基礎年金番号]	000000000000
③ 被保険者氏名	(フリガナ)(氏) コクサイ (名) ヒロコ 国際 博子
④ 被保険者生年月日	5.昭和 ⑦平成 9.令和　04 年 10 月 22 日
⑤ 被保険者性別	1.男 ②女
⑥ 養育する子の氏名	(フリガナ)(氏) コクサイ (名) ヒロキ 国際 大樹
⑦ 養育する子の生年月日	7.平成 ⑨令和　0
⑧ 区分	①実子 2.その他　※「2.その他」の場合は、⑨養育開始年月日(実子以外)も記入してください。
⑨ 養育開始年月日(実子以外)	9.令和
⑩ 育児休業等開始年月日	7.平成 ⑨令和　02 年 09 月 08 日
⑪ 育児休業等終了予定年月日	⑨令和　03 年 07 月 12 日
⑫ 備考	該当する項目を○で囲んでください。 1. パパママ育休該当　2. その他 （　）

産前産後休業後、1歳まで育児休業する場合は、1回目の申し出は育児休業開始日から1歳の誕生日の前日まで記入する

終了予定日を延長する場合 ※必ず共通記載欄も記入してください。

A.延長 ⑬ 育児休業等終了予定年月日(変更後)	9.令和　年　月　日

※延長とは、「0～1歳」「1～1歳6か月」「1歳6か月～2歳」「1歳～3歳」の4つの区分のそれぞれの期間内で終了予定日を延長する場合をいいます。

例：子が「0歳～1歳」の区分における育児休業として、当初「産後57日目から8か月まで」の期間を申出していたが、「産後57日目から1歳（誕生日の前日）まで」の期間に変更する場合
⇒「延長」となりますので、「共通記載」欄及び「A. 延長」欄を記入してください。

予定より早く育児休業を終了した場合 ※必ず共通記載欄も記入してください。

B.終了 ⑭ 育児休業等終了年月日	9.令和　年　月　日

例：①1歳誕生日前日までの育休申出をされていた方が、続けて、②1歳6か

共通記載」欄にあらため

予定より早く復帰した場合は、育児休業終了日を記入する

必要事項および添付書類

添付書類および事業主の押印は不要です。

Q&A こんなときどうする？ 育児休業取得者申出書

Q1 育児休業を延長する場合は？

A1 延長後の休業期間を記入して、事務センター（事業所の所在地を管轄する年金事務所）へ提出します。

社会保険の延長は、雇用保険の育児休業と異なり、延長理由を問わず、子が３歳に達するまでは保険料免除を受けることが可能です。

Q2 育児休業を終了する場合は？

A2 当初の予定より早く育児休業を終了する場合は、「健康保険・厚生年金保険育児休業等取得者終了届」に、終了日を記入して、事務センター（事業所の所在地を管轄する年金事務所）へ提出します。

終了予定年月日どおり育児休業等を終了した場合は、提出する必要はありません。

Q3 第１子育児休業期間中に第２子を出産した場合は？

A3 第１子育児休業期間と、第２子産前産後休業期間が重複する場合は、産前産後休業が優先されるため、第１子の育児休業期間が終了し、第２子の産前産後休業期間の社会保険料免除が適用されます。

第9章 従業員に出産育児介護があったら ● 健康保険・厚生年金保険・雇用保険

雇用保険の給付期間と社会保険料の免除期間は違うので、しっかり確認してから申請しましょう！
特に男性は育休期間が短いので、早めの申請をおすすめします。

05 産前産後休業・育児休業等終了時報酬月額変更

健康保険　厚生年金保険

復職後に短時間勤務や残業の削減等により、**休業開始前よりも賃金が低下する場合**があります。そのような場合には、通常の随時改定に該当しなくても、被保険者からの申し出に基づき、事業主が届け出ることにより、標準報酬月額の改定を行うことができます。

産前産後休業・育児休業後の手続き〜社会保険料改定

Step1
産前産後
育児休業
終了日

【産前産後休業終了時】産前産後休業に係る子
【育児休業終了時】3歳未満の子

上記を養育している被保険者が、休業終了後に受け取る報酬に変動があった

YES

Step2
改定要件

- 復帰月以後3か月分の報酬の平均額と従前の報酬を比べて、1等級以上の変動があるとき
  ※支払い基礎日数が17日未満の月を除く（固定的賃金の変動がなくてもよい）
- 復帰月以後3か月のうち、少なくとも1か月における支払い基礎日数が17日以上であること

YES

Step3
提出書類の
作成

☐ 産前産後休業終了時報酬月額変更届
☐ 育児休業等終了時報酬月額変更届
※添付書類は不要です

Step4
提出先

事務センター（事業所の所在地を管轄する年金事務所）および健康保険組合にすみやかに提出します

● 産前産後休業・育児休業等終了時報酬月額変更届 健康保険 厚生年金保険

産前産後休業・育児休業等終了月（ただし、終了した日が月末である場合は、その翌月）以後3か月間に受けた報酬の平均月額を標準報酬月額等級区分にあてはめ、現在の標準報酬月額と1等級でも差が生じた場合に改定します。

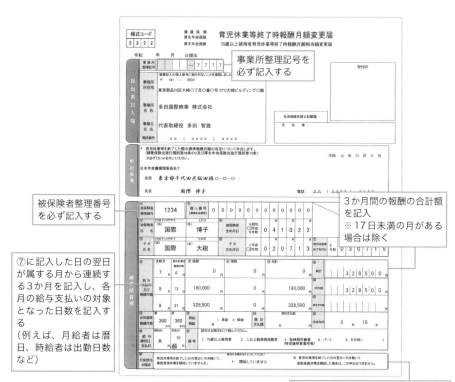

● 【例】育児休業終了日：7月15日、月給者、給与支払：末締め、翌月10日払い

支払月	支払基礎日数	給与支払期間	勤務状況	対象月	給与支払日
7月	0日	6/1～6/30	全期間、育児休業	×	8月10日
8月	12日	7/1～7/31	7/15まで育児休業	×	9月10日
9月	31日	8/1～8/31	全期間、就業	○	10月10日

※7月、8月は、支払基礎日数が17日未満のため、9月のみ⑨総計に含めます。

（次頁に続く）　　129

養育期間標準報酬月額特例

厚生年金保険

3歳未満の子を養育する被保険者または被保険者であった者が、**養育期間中の各月の標準報酬月額が低下した場合に届出ることにより、将来の年金額の低下を防ぐことができます。**

養育期間標準報酬月額特例に関連する手続き

| **Step1**
養育開始 | 1. 3歳未満の子の養育を開始したとき
2. 3歳未満の子を養育する方が資格取得したとき
3. 保険料免除の適用を受ける育児休業等を終了したとき
4. 該当の子以外にかかる特例措置が終了したとき |

| **Step2**
要件 | 1. 3歳未満の子の養育する被保険者（被保険者であった方も含みます）で、養育期間中の標準報酬月額が養育開始月の前月の標準報酬を下回る場合
2. 前月に厚生年金保険の被保険者でなかった場合は、養育期間中の標準報酬月額が、前月以前1年以内に被保険者であった直近の月の標準報酬月額を下回れば対象となる 転職のケース |

| **Step3**
提出書類
添付書類 | ☐ 養育期間標準報酬月額特例申出書
☐ 該当する子を養育していることを明らかにすることができる書類を添付（戸籍謄本・住民票の原本）
※「申出者」と「養育する子」のマイナンバーがいずれも記載されている場合は、住民票の添付不要 |

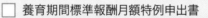

| **Step4**
提出先 | 事務センター（事業所の所在地を管轄する年金事務所）
※男性の被保険者も対象となります
※育児休業を取得していなくても対象となります |

▍養育期間標準報酬月額特例とは

　3歳未満の子を養育しながら働く被保険者の方が、勤務時間の短縮等による賃金の減少によって標準報酬月額が低下した場合、将来の年金給付が不利にならないように、従前の標準報酬月額をその期間の標準報酬月額とみなして年金額を計算します。

● 年金額を算定するとき

従前の 標準報酬月額	従前標準報酬月額みなし措置	} 年金額は従前の 標準報酬月額で算定する
	実際の標準報酬月額	

● 保険料額を算定するとき

従前の 標準報酬月額		} 保険料額は実際の 標準報酬月額で算定する
	実際の標準報酬月額	

　申出より前の期間については、申出日の前月までの2年間についてみなし措置が認められます。（さかのぼって適用を受けることができます）

▍対象者

❶ **3歳未満の子の養育特例は、女性に限らず男性の被保険者も対象となります。共働きの場合、夫婦共に申し出をすることができます。なお、育児休業の取得をしていなくても利用できます。**

❷ 3歳未満の子どもがいて新たに就職する場合、その前月に厚生年金保険の被保険者でなかった場合は、その前月以前1年以内に厚生年金保険の被保険者であったことが必要となります。

❸ この届出は、標準報酬月額が下がらなくても提出することができます。よって、3歳未満の子どもがいる人等については、今後該当する可能性がでてくることを考え、届出しておくことをお勧めします。

（次頁に続く）　131

ONE POINT

養育期間標準報酬月額特例の対象

平成29年1月1日より、以下の子についても養育期間標準報酬月額特例の対象となりました。

（1）養親となる者が養子となる者を監護することとされた期間に監護されている当該養子となる者。

（2）里親である労働者に委託されている児童。

MEMO

第9章　従業員に出産育児介護があったら・健康保険・厚生年金保険・雇用保険

● 養育期間標準報酬月額特例申出書 [厚生年金保険]

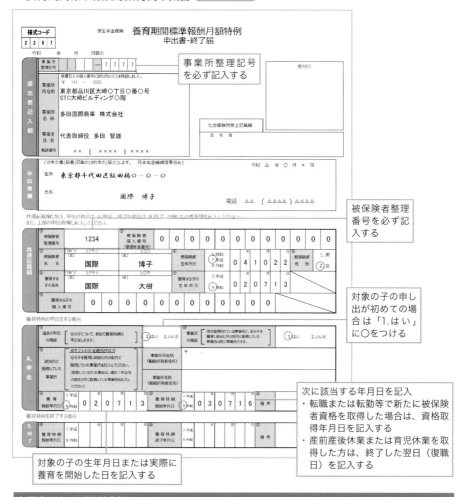

対象の子の申し出が初めての場合は「1.はい」に〇をつける

被保険者整理番号を必ず記入する

事業所整理記号を必ず記入する

次に該当する年月日を記入
・転職または転勤等で新たに被保険者資格を取得した場合は、資格取得年月日を記入する
・産前産後休業または育児休業を取得した方は、終了した翌日（復職日）を記入する

対象の子の生年月日または実際に養育を開始した日を記入する

必要事項および添付書類

特例措置の申出を行う場合は、当該子を養育していることを明らかにすることができる書類として、次の（1）および（2）を添付することになります。

（1）子の生年月日および子と申出者との身分関係を明らかにすることができる書類（戸籍謄（抄）本または戸籍記載事項証明書）
（2）申出者と養育する子が同居していることを確認できる書類（住民票）
※「申出者」と「養育する子」のマイナンバーがいずれも記載されている場合は、住民票の添付不要となります。
※提出日からさかのぼり**90日以内**に発行された原本。
※マイナンバーの**記載のない添付書類**が必要となります。
※被保険者の押印は不要です。

132

07 育児休業給付金

雇用保険

満1歳未満の子を養育するための休業をした被保険者の方に一定の給付金を支給することによって、育児休業を取得しやすくするとともに、その後の円滑な職場復帰を援助・促進し、職業生活の継続を支援する制度です。

1歳（一定の場合は1歳2か月。さらに一定の場合は1歳6か月（最長2歳））に満たない子を養育するために育児休業を取得する一般被保険者が支給対象です。

Step1
支給対象者であるか確認

次の(1)～(3)の要件を満たしているかどうか。
(1)育児休業開始日前2年間に、賃金支払基礎日数が11日以上ある月が通算12か月以上ある方
(2)育児休業開始日から起算して1か月ごとの期間（支給単位期間）に就業している日が10日以下であること（10日を超える場合には就業時間が80時間以下かつ休業日が1日以上）

YES

Step2
賃金支給の有無

(3)育児休業開始日から起算して1か月ごと（支給単位期間）の賃金が、休業開始時の賃金日額×支給日数の80%未満である

NO

YES　　　　　　　　　　NO

Step3
初回の手続き

☐ 雇用保険被保険者休業開始時賃金月額証明書

☐ 育児休業給付受給確認票・（初回）育児休業給付金支給申請書

支給の対象となりません

初回の申請期限
最初の支給単位期間の初日から起算して4か月を経過する日の属する日の末日まで

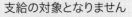

Step4
2回目以降の手続き

☐ 育児休業給付金支給申請書
ハローワークが定める期間内に申請

（次頁に続く）　133

休業開始時賃金日額

育児休業を開始する前6か月間の賃金を180で割った金額のことです。

育児休業給付金の対象

・育児休業を開始する時点で、育児休業終了後に離職することが予定されている方は、支給の対象となりません。

・子は、実子、養子を問いません。

・女性の場合、労働基準法で定められた産後休業期間（出産日の翌日から起算して8週間）は対象になりません。この期間は健康保険の出産手当金が支給されます。

支給対象期間の延長を申請するときの注意点

延長の手続きには、入所保留通知書等の特別な事情を証明する添付書類が必要になります。なお、居住の自治体によって、入所申込の締切日が異なるので、早めに確認することをおすすめします。

MEMO

▌支給対象となる期間

　支給対象となる支給単位期間を支給対象期間といい、**産後休業（出産の翌日から8週間）を経過した日の翌日から、子が満1歳となる日**（誕生日の前日をもって満1歳に達したものと取り扱います）の前日までの期間。

▌支給額

　原則として、休業開始時賃金日額の67％（50％）で、1支給対象期間は30日として算定します。

※育児休業の開始から180日までは67％、181日目からは50％となります。

（1）支給対象期間中に賃金が支払われた場合
休業開始時賃金月額の30％以下の場合

　賃金日額×支給日数×67％（50％）相当額

休業開始時賃金月額の30％を超えて80％未満の場合

　賃金日額×支給日数の80％相当額と賃金の差額

休業開始時賃金月額の80％以上の場合

　支給されません

（2）支給限度額について
1支給対象期間あたり301,902円（67％の場合）
1支給対象期間あたり225,300円（50％の場合）
（令和3年8月1日現在）

▌支給対象期間の延長

　子が1歳に達した日において、保育所の空きがないなどの一定の場合は、1歳6か月（最長2歳）に達する日の前日までの期間について支給対象となります。

▌パパ・ママプラス

　父母ともに育児休業を取得する場合は、支給要件を満たす場合に子が1歳2か月に達する日の前日までの間に、最大1年まで育児休業給付金が支給されます。

▌雇用保険法の改正（雇用61条の8）

▌育児休業給付金のみなし被保険者期間の特例【施行日2021年9月1日】

　入社後の雇用期間が1年程度と短い場合などに、出産の時期によって育児休業給付金の受給要件（育児休業を開始した日の前2年間にみなし被保険者期間が12か月以上）を満たさないケースについて、**みなし被保険者期間の計算の起算を産前休業開始日とする**ことで受給要件を満たすことができるようにする特例が設けられます。

● 具体的な事例

就職	令和3年4月1日
産前休業	令和4年4月5日～
出産日	令和4年4月30日
産後休業	～令和4年6月25日
育児休業	令和4年6月26日～
被保険者要件（現行）	被保険者期間12か月を満たさない
被保険者要件（改正後）	被保険者期間12か月を満たす

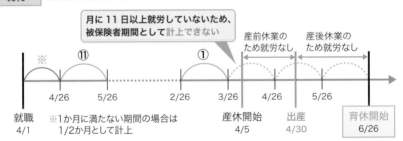

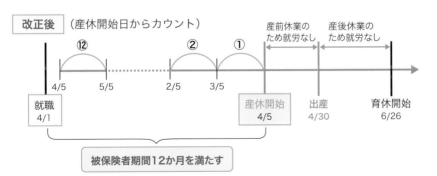

（次頁に続く）　135

● **育児休業給付金支給申請書** 雇用保険

> この用紙は初回申請用。
> 2回目以降はハローワークから交付される支給申請書を使う

1枚目（安定所提出用）

■ 様式第33号の7（第101条の30関係）（第1面）

育児休業給付受給資格確認票・（初回）育児休業給付金支給申請書
（必ず第2面の注意書きをよく読んでから記入してください。）

帳票種別 `1 3 4 0 5`　1. 被保険者番号 `1 2 3 4 - 5 6 7 8 9 0 - 1`　2. 資格取得年月日 `4 - 3 0 0 4 0 1`
(元号 年 月 日)

3. 被保険者氏名　国際 博子　フリガナ（カタカナ）`コ ク サ イ　ヒ ロ コ`

4. 事業所番号 `1 3 0 1 - 0 0 0 0 0 0 - 1`　5. 資格喪失等年月日 `5 - 0 3 0 3 1 6`　6. 出産年月日 `5 - 0 3 0`

8. 被保険者住所（郵便番号）`1 0 2 - 0 0 7 2`

区 `飯 田 橋`

`- ○`

＜支給対象期間＞
育児休業開始日〜翌月同日の前日までを「支給対象期間その1」、同じように、その翌日から翌月同日の前日までを「その2」に記入する

支給対象期間中に就業した日数を記入する

支給対象期間中に就業した時間数を記入する

＜被保険者となった年月日＞
現在の会社で被保険者となった日を記入する

11. 支給単位期間その1（初日）`5 - 0 3 0 3 1 6 - 0 4 1 5`　12. 就業日数 `0`　13. 就業時間 `0`　14. 支払われた賃金額 `0`
15. 支給単位期間その2（初日）`5 - 0 3 0 4 1 6 - 0 5 1 5`　16. 就業日数 `0`　17. 就業時間 `0`　18. 支払われた賃金額 `0`

パパ・ママ育休プラスを利用する被保険者の配偶者が、すでに対象の子の育児休業を取得している場合は、25欄に「1」を、26欄には配偶者の被保険者番号を記入する

上記被保険者が育児休業を取得し、上記の記載事実に誤りがないことを証明します。

令和 3 年 6 月 20 日 事業所名（所在地・電話番号等）全国国際保険株式会社
東京都品川区大井1丁目○番○号 STGビルディング○○階
事業主 氏名 代表取締役 多田 繁雄

上記のとおり育児休業給付の受給資格の確認を申請します。
（育児休業給付金支給対象期間について、上記のとおり育児休業給付金の支給を申請します。）

令和 3 年 6 月 20 日 品川公共職業安定所長 殿
申請者氏名 国際 博子

払渡希望金融機関指定届	フリガナ	○○○ギンコウ ○○○○シテン					金融機関コード	店舗コード	金融機関による確認印
	名 称	○○○○銀行 ○○○○					`1 2 3 4`	`0 0 1`	
	口座番号（普通）`1 2 3 4 5 6 7`								

＜署名＞
事業主、本人それぞれ必要

＜払渡希望金融機関＞
申請者本人名義の普通口座を記入。金融機関での確認印は、通帳のコピーで代えることができる場合がある（申請するハローワークに確認してみる）

必要書類

- 育児休業給付受給資格確認票・（初回）育児休業給付金支給申請書
- 雇用保険被保険者休業開始時賃金月額証明書
- 育児を確認できる書類　母子健康手帳の出生届出済証明書等
- 出勤簿（タイムカード）、賃金台帳　届出書の記載内容を確認します
- 雇用保険適用事業所台帳
- 個人番号（マイナンバー）
- 育児休業申出書（男性の場合）

136

● 休業開始時賃金月額証明書 [雇用保険]

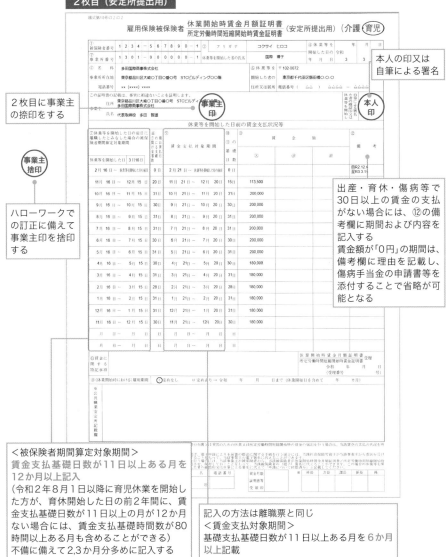

2枚目（安定所提出用）

2枚目に事業主の捺印をする

ハローワークでの訂正に備えて事業主印を捺印する

本人の印又は自筆による署名

出産・育休・傷病等で30日以上の賃金の支払がない場合には、⑫の備考欄に期間および内容を記入する
賃金額が「0円」の期間は、備考欄に理由を記載し、傷病手当金の申請書等を添付することで省略が可能となる

＜被保険者期間算定対象期間＞
賃金支払基礎日数が11日以上ある月を12か月以上記入
（令和2年8月1日以降に育児休業を開始した方が、育休開始した日の前2年間に、賃金支払基礎日数が11日以上の月が12か月ない場合には、賃金支払基礎時間数が80時間以上ある月も含めることができる）
不備に備えて2,3か月分多めに記入する

記入の方法は離職票と同じ
＜賃金支払対象期間＞
基礎支払基礎日数が11日以上ある月を6か月以上記載

（次頁に続く）　137

雇用保険の基本手当の
所定給付日数に係る算
定基礎期間から除いて
算定されることになり
ます。

同一の子について2度
目以降の育児休業は、
原則として支給の対象
となりませんが、配偶
者の出産後8週間以内
の期間に、父親が育児
休業を取得した場合に
は、支給要件を満たす
ことでパパ・ママプラ
スの制度により再度の
育児休業給付金の対象
となります。

あらかじめ決められた
1日4時間で月20時間
勤務する場合、毎週特
定の曜日・時間に勤務
する場合は、給付対象
外となります。

MEMO

こんなときどうする？ Q&A 育児休業給付金

Q1 期限を定めて雇用されている場合は？

A1 **休業開始時において同一事業主の下で1年以上雇用
が継続しており、かつ、1歳に達する日を超えて引
き続き雇用される見込みがある場合は支給対象とな
ります。**

ただし子が1歳6か月になるまでの間に、その労働契約の
期間が終了し、かつ、当該労働契約の更新がないことが明
らかである方を除きます。

Q2 受給中に被保険者資格を喪失したときは？

A2 ❶**支給単位期間の途中で離職等（被保険者資格を喪
失）した場合**

その月は、支給対象となりません。

❷**支給単位期間の末日で離職した場合**

その支給単位期間まで支給対象となるので、離職前の事業
主または本人が支給申請をすることができます。

❸**離職後1日の空白もなく再就職（被保険者資格を
取得）した場合**

受給資格は継続されるので、離職・再就職日の属する月も
支給対象となります。

❹**離職後1日以上の空白があって被保険者資格を取
得した場合**

その支給単位期間は支給対象とならず、転職後の事業主を
通じて再度受給資格の確認を行います。

Q3 受給中に就業したときは？

A3 **休業中に一時的に出勤し業務を行うことにより、給
与が支給されるときは、育児給付金が減額されるこ
とがあります。なお、就業している日が10日を超え
て、かつ就業している時間が80時間を超えるときは
不支給となるのでご注意ください。**

Q4 パパ・ママプラスってどんな制度?

A4 父母ともに育児休業を取得する場合、子が1歳2か月に達する日の前日までの間に、それぞれ最大1年まで育児休業給付金が支給される制度です。

以下❶〜❸のいずれの要件も満たす場合に可能となります。

❶ 配偶者が子が1歳に達するまでに育児休業を取得していること

❷ 本人の育児休業開始予定日が、子の1歳の誕生日以前であること

❸ 本人の育児休業開始予定日は、配偶者がしている育児休業の初日以降であること

※1人当たりの育休取得可能最大日数（産後休業を含め1年間）は変わりません。

Q5 「パパ・ママ育休プラス制度」を利用した後に、1歳6か月までの育児休業は取得できる?

A5 支給対象期間の延長事由に該当した場合は、その子が1歳6か月に達する日前までの期間が支給対象期間になります。また1歳に達する日（いわゆる「パパ・ママ育休プラス制度」により休業終了予定日が子の1歳に達する日後である場合は、当該休業終了予定日）まで育児休業をしている配偶者と交代することによっても、他の要件を満たせば、1歳6か月に達する日前までの期間が支給対象期間となります。

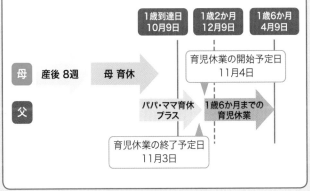

✏ ONE POINT

2022年4月1日改正

有期雇用契約者の育児・介護取得要件について

【現行】

（1）引き続き、雇用された期間が1年以上あること。

（2）1歳6か月までの間に契約が満了することが明らかでないこと。

【改正後】

（1）上記1の要件を撤廃する。

（2）無期雇用契約者と同様の取り扱いとする。

※引き続き雇用された期間が1年未満の契約者は労使協定の締結により除外が可能

✏ MEMO

第9章　従業員に出産育児介護があったら ● 健康保険・厚生年金保険・雇用保険

介護休業給付金

雇用保険

介護休業給付金は、対象となる家族が要介護状態にあるとき、介護休業（3回まで分割取得可能）を取得した被保険者について、93日を限度に支給されます。

Step1
受給資格
および
要件の確認

次の(1)〜(5)の要件を満たしているかどうか確認
(1)対象家族が2週間以上常時介護を有する「要介護状態」であること
(2)介護休業期間の初日および末日を明らかにしたうえで、事業主に申し出を行い被保険者が実際に休業を取得していること
(3)介護休業を開始した日の前2年間に、賃金支払基礎日数が11日以上ある月が完全月が通算して12か月以上あること※
(4)支給単位期間において、就業している日が10日以下であること

YES

Step2
賃金支給の
有無確認

(5)支給単位期間に支給された賃金額が、休業開始時の賃金月額の80%未満であること

NO

YES **NO**

Step3
支給申請

☐ 雇用保険被保険者休業開始時
　　賃金月額証明書
☐ 介護休業給付金支給申請書
（支給申請は、1回の介護休業にかかる支給対象期間すべてについてまとめて行います）

支給対象外

Step4
添付書類の
準備

☐ 出勤簿（タイムカード）　☐ 賃金台帳　☐ 個人番号
☐ 住民票、戸籍謄本等（対象家族の氏名・続柄等が確認できる公的書類）
☐ 介護休業申出書（本人が事業主に提出したもの）

Step5
提出先

 管轄のハローワークへ

※介護休業を開始した日の前2年間に、賃金支払基礎日数が11日以上の月が12か月ない場合は、完全月で賃金の支払基礎となった時間数が80時間以上の月を1か月として取り扱います。

支給対象期間

❶ 介護休業開始日から1か月ごとに区切った期間を単位として、1回の介護休業期間は最長3か月となるため、1回の介護休業につき、最大3支給単位期間分の支給となります。

❷ 3か月を経過するまでに介護休業を終了し職場復帰をした場合は、介護休業を終了した日までとなります。

ONE POINT

介護休業中の社会保険料

介護休業中は育児休業中とは違い、社会保険料（健康保険・厚生年金保険）は免除されません。

支給額

休業期間中に賃金が支払われていない場合

❶ 支給単位期間が1か月ある場合（最後の支給単位期間を除く）

　支給額＝休業開始時賃金日額 ×支給日数（30日）× 67%

❷ 最後の支給単位期間の場合（職場復帰等による休業終了を含む）

　支給額＝休業開始時賃金日額 ×支給日数（暦日数）× 67%

休業期間中に賃金が支払われている場合

❶ 休業開始時賃金の13%以下の場合

　支給額＝休業開始時賃金日額 ×支給日数 × 67%

❷ 休業開始時賃金月額の13%を超えて80%未満の場合

　支給額＝休業開始時賃金日額 ×支給日数の80%相当額と賃金の差額を支給

❸ 休業開始時賃金月額の80%以上の場合

　支給されません。

支給限度額

支給対象期間あたり332,253円（67%の場合）

（令和3年8月1日現在）

　支給限度額は、毎年8月1日に変更される場合があります。

第9章　従業員に出産育児介護があったら ● 健康保険・厚生年金保険・雇用保険

（次頁に続く） 141

介護休業給付金支給申請書  雇用保険

2枚目（安定所提出用）

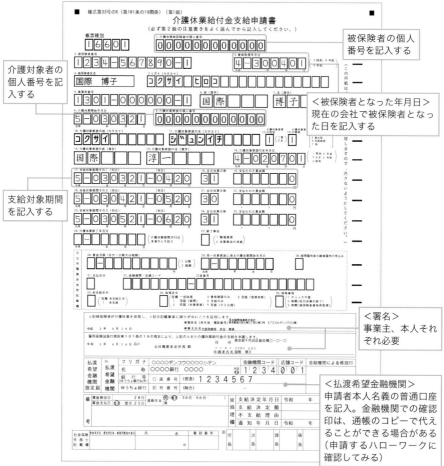

左側の注記:
- 介護対象者の個人番号を記入する
- 支給対象期間を記入する

右側の注記:
- 被保険者の個人番号を記入する
- ＜被保険者となった年月日＞現在の会社で被保険者となった日を記入する
- ＜署名＞事業主、本人それぞれ必要
- ＜払渡希望金融機関＞申請者本人名義の普通口座を記入。金融機関での確認印は、通帳のコピーで代えることができる場合がある（申請するハローワークに確認してみる）

必要書類

- ・雇用保険被保険者休業開始時賃金月額証明書
- ・介護休業給付金支給申請書
- ・出勤簿（タイムカード）
- ・賃金台帳
- ・個人番号
- ・住民票、戸籍謄本等（対象家族の氏名・続柄等が確認できる公的書類）
- ・介護休業申出書（本人が事業主に提出したもの）
- ・雇用保険適用事業所台帳

休業開始時賃金月額証明書 雇用保険

1枚目（安定所提出用）

本人の印又は
自筆による署名

2枚目に事
業主の捺印
をする

ハローワークで
の訂正に備えて
事業主印を捺印
する

傷病等で30日以上の賃
金の支払がない場合に
は、⑫の備考欄に期間お
よび内容を記入する。賃
金額が「0円」の期間は、
備考欄に理由を記載し、
傷病手当金の申請書等を
添付することで省略が可
能となる

＜被保険者期間算定対象期間＞
賃金支払基礎日数が11日以上ある月を
12か月以上記入
（令和2年8月1日以降に介護休業を開始し
た方が、介護開始した日の前2年間に、賃
金支払基礎日数が11日以上の月が12か月
ない場合には、賃金支払基礎時間数が80
時間以上ある月も含めることができる）
不備に備えて2,3か月分多めに記入する

記入の方法は離職票
と同じ

第9章　従業員に出産育児介護があったら ▶ 健康保険・厚生年金保険・雇用保険

こんなときどうする？ Q&A 雇用保険

Q1 対象となる家族の範囲は？

A1 配偶者（事実婚を含む）、父母（養父母を含む）、子（養子を含む）、配偶者の父母、被保険者の祖父母、兄弟姉妹、孫のいずれかが対象となります。

Q2 要介護状態とは？

A2 負傷、疾病または身体上もしくは精神上の障害により、2週間以上にわたり常時介護（歩行、排泄、食事などの日常生活に必要な介助をすること）が必要な状態にある家族を介護する休業となりますが、介護休業の期間は2週間以上である必要はありません。

ここでいう「2週間」とは、介護休業のとなる期間でなく、あくまでもご家族が常時介護を必要とする期間となります。

Q3 受給中に本人が死亡したときは？

A3 死亡した月（日）の前月（前の支給対象期間）までについて、生計を同じにしていた遺族の方が支給申請を行うことができます。

この請求は「死亡した日の翌日から6か月以内」に行わなければなりません。

Q4 期間雇用の方も対象になりますか？

A4 休業開始日において、下記要件に該当した場合は対象となります。

・同一事業主のもとで1年以上雇用が継続していること

・同一事業主のもとで介護休業開始予定日から起算して93日を経過する日から6か月経過するまでに、その労働契約が満了することが明らかでないこと

第 **10** 章

従業員が
ケガ・病気になったら

健康保険

		雇用保険	健康保険 厚生年金保険
病気や ケガを したとき （業務外）	会社を 休んで いるとき		傷病手当金支給申請書 ·············· 150-151
	医療費が 高額に なったとき		高額療養費支給申請書 ·············· 155

健康保険の給付 （業務外の疾病・負傷等）

健康保険

健康保険制度・厚生年金保険制度は、私的生活（業務外・通勤途上外）において負傷し、病気にかかり、またその傷病が原因となって身体に障害を残したり死亡したときには、同制度および国民年金制度から一定の給付が行われます。

健康保険給付の主な種類と内容

区分	給付の内容	
	被保険者	被扶養者
病気やケガ	☐ 療養のため休んだ時……傷病手当金	
	☐ 保険証で治療……療養の給付、家族療養費	
	☐ 自己負担が一定額を超えたとき……高額療養費	
	☐ 緊急時に移送されたとき……移送費	
死亡	☐ 死亡したとき……埋葬料、家族埋葬料	

給付金の時効は2年だから
忘れずに早めに
申請するのニャー！

▌ 健康保険の給付の概要

　従業員とその家族が病気やケガをした場合の医療の給付、従業員が病気やケガで休業したときの所得の補償、出産や死亡したときの費用の軽減などを主な目的としています。

　就業中や通勤途上の災害などによるケガや病気は労災保険から給付されるので対象になりません。

こんなときどうする？ Q&A 　健康保険証が使えるとき

Q1 疾病・負傷が業務上か業務外かわからないときは？

A1 病院で業務上の可能性も伝え、労基署に確認します。

＜労災となるケースの例＞
・作業中（労災の大部分は作業中に発生します）
・休憩時間中であっても、災害の原因が会社施設の欠陥に基づくもの
・出張中
・合理的な経路での通勤途上（通勤災害）

＜労災とならないケースの例＞
・休憩時間中に会社構内でキャッチボールをしてケガをした
・通勤中、通勤経路を逸脱して買い物後にケガをした

Q2 交通事故など第三者がいるときは？

A2 「第三者の行為による傷病届」を提出します。

健康保険で治療が受けられますが、この場合、必ず健保に連絡をして、すみやかに「第三者の行為による傷病届」を提出することが必要となります。健保は「第三者の行為による傷病届」を受理することにより、医療機関での治療費等を一時的に立て替え、後日、加害者に対し治療に要した費用を請求することになります。

MEMO

02 傷病手当金

健康保険

傷病手当金は、被保険者が病気やケガのために働くことができず、会社を休んだ日が連続して3日間あったうえで、4日目以降、休んだ日に対して支給されます。ただし、休んだ期間について事業主から傷病手当金の額より多い給与の支給を受けた場合には、傷病手当金は支給されません。

Step1 支給要件	☐ 業務外の病気やケガのため就業できないこと ☐ 療養のため会社を休んだ期間が連続して3日間あること ☐ 休んだ期間に給与の支払がないこと

Step2 提出書類の 作成	☐ 傷病手当金支給申請書（健保） ☐ ケガの場合……負傷原因届（健保）

Step3 添付書類の 準備	☐ 出勤簿 ☐ 賃金台帳 ☐ 役員などで、賃金台帳が無い場合は、 　役員報酬を支給しないこととする議事録

Step4 提出先	全国健康保険協会の各支部または健康保険組合へ

支給額

　待機期間経過後の**4日目から**、1日につき支給開始日以前の**継続した12か月間の各月の標準報酬月額を平均した額の30分の1（1円未満四捨五入）の3分の2**に相当する金額が支給されます。なお、支給期間は**支給開始日から通算して1年6か月を経過した時点まで**が限度となります。（支給期間は2022年1月1日改正）

▌支給期間

　傷病手当金は、支給が始まった日（支給開始日）から通算して1年6か月を経過した時点までの期間で、支給を受ける条件を満たしている日について支給されます。支給開始日は、**実際に傷病手当金の支給が開始された日**となります。

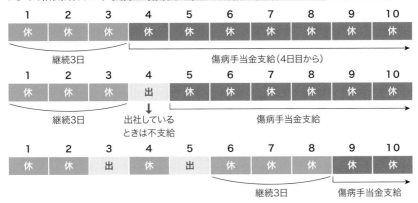

・3日間には公休日や年次有給休暇として処理された場合も含みます。
・就業時間中に労務不能となった場合、その日は待期3日に含みます。

　傷病手当金は支給開始日から通算して1年6か月を経過した時点までの期間で、支給要件を満たした期間について支給されます。**公休日も労務不能であれば傷病手当金が支給されます。**

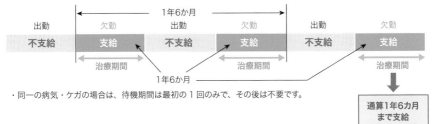

・同一の病気・ケガの場合は、待機期間は最初の1回のみで、その後は不要です。

▌ 有給休暇等、報酬が受けられるときの起算日

　報酬の支給が停止された日または減額支給されることとなり、その支給が傷病手当金の額より少なくなった日（傷病手当金が支給されることとなった日）が起算日となります。

1年6か月

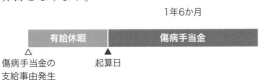

（次頁に続く）　149

第10章 従業員がケガ・病気になったら ● 健康保険

● 傷病手当金支給申請書

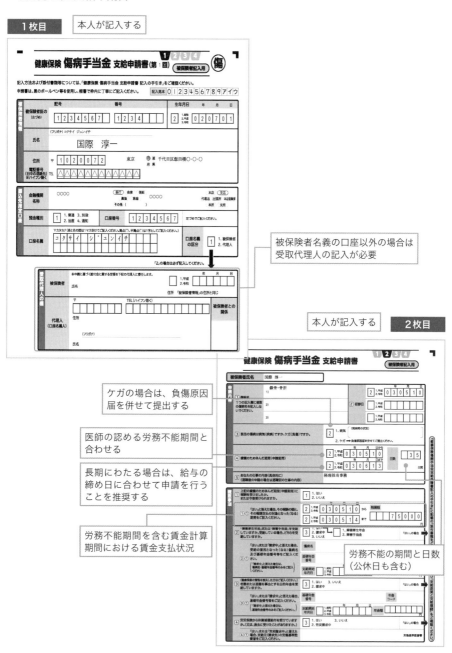

1枚目　本人が記入する

被保険者名義の口座以外の場合は
受取代理人の記入が必要

本人が記入する　**2枚目**

ケガの場合は、負傷原因
届を併せて提出する

医師の認める労務不能期間と
合わせる

長期にわたる場合は、給与の
締め日に合わせて申請を行う
ことを推奨する

労務不能期間を含む賃金計算
期間における賃金支払状況

労務不能の期間と日数
（公休日も含む）

3枚目　会社が記入する

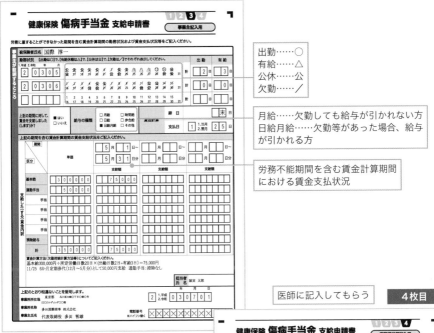

出勤……○
有給……△
公休……公
欠勤……／

月給……欠勤しても給与が引かれない方
日給月給……欠勤等があった場合、給与が引かれる方

労務不能期間を含む賃金計算期間における賃金支払状況

医師に記入してもらう　**4枚目**

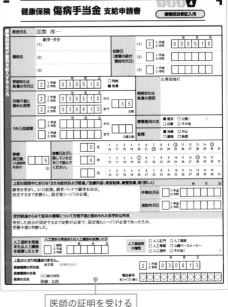

必要事項及び添付書類

傷病手当金支給申請書に記入し証明を受けるもの
・療養担当者（医師等）の意見書
・事業主の証明

振込希望口座について
被保険者ご本人名義の口座をご記入ください。

添付書類
・出勤簿のコピー
・賃金台帳のコピー
※協会けんぽは、添付書類不要

第**10**章　従業員がケガ・病気になったら●健康保険

医師の証明を受ける

（次頁に続く）　151

出勤に伴い不支給となった期間がある場合は、その分の期間を延長して支給を受けられるように、支給期間の通算化が可能となります。

傷病手当金支給申請のポイント

長期療養の場合は、給料の締日単位で各月分について請求します。
➡療養中の生活費保障として毎月給付を受けることができます。

新型コロナウイルスにかかり医師の証明を受けられないとき

新型コロナウイルスで陽性反応が出て、医師の意見書を添付できない場合は、支給申請書にその旨を記載するとともに、事業主が当該期間に、被保険者が労務に服さなかった旨を証明する書類を添付する等により申請が可能となります。

MEMO

こんなときどうする？ Q&A 傷病手当金

Q1 出産手当金と傷病手当金の関係は？

A1 **出産手当金が優先されます。**

出産手当金と傷病手当金が同時に受けられるようになった場合、出産手当金が優先されます。
平成28年4月から、傷病手当金の額が出産手当金の額より多ければ、その差額が支給されることになりました。

Q2 役員が傷病手当金を受ける場合は？

A2 **傷病手当金の支給要件に該当すれば、役員であっても支給の対象になります。**

＜必要書類＞
・役員報酬変更の議事録コピーまたは賃金台帳
・出勤簿

Q3 退職後も給付を受けることができる？

A3 **被保険者の資格を失った場合でも、支給要件に該当すれば支給の対象になります。**

資格喪失日の前日までに被保険者期間が継続して1年以上あり、資格喪失日の前日に傷病手当金の支給を受けているか、または受けられる状態であれば、資格喪失後も引き続き支給を受けることができます。

Q4 退職後、扶養に入りたいが傷病手当金を受給している場合はどうなる？

A4 **健康保険の被扶養者の収入要件は年間130万円とされており、将来に向けてこの金額の収入を得ることがなければ被扶養者として認定されます。**

退職後に受給した給付日額が3,612円以上になった場合、年間130万円以上の収入となるため、受給期間中は被扶養者になれない他、国民年金第3号被保険者にもなれません。

03 限度額適用認定証・高額療養費

健康保険

業務外のケガや病気などで長期入院したり、治療が長引く場合には、医療費の自己負担額が高額となります。1か月の医療費が一定の金額（自己負担限度額）を超えた部分が払い戻される高額療養費制度があります。また、入院などの予定があり、事前に1か月の医療費が高額になることが予想されるときには、事前に申請すると「限度額適用認定証」を交付してもらえます。

Step1
提出書類の作成

- ☐ 事前に高額な医療費がかかることが予想されるとき
  ……限度額適用認定申請書（健保）
- ☐ 自己負担額を超えた医療費を支払ったとき
  ……被保険者 被扶養者 世帯合算 高額療養費支給申請書（健保）
- ☐ ケガの場合……負傷原因届（健保）

Step2
添付書類の準備

- ☐ 領収書のコピー
- ☐ （非）課税証明書（低所得者）

Step3
高額療養費の提出期限

診療月の翌月1日（自己負担分を診療月の翌月以後に支払ったときは支払った日の翌日）から2年以内に

Step4
提出先

全国健康保険協会の各支部または健康保険組合へ

▌限度額適用認定証とは？

　高額療養費を請求した場合、還付されるまでに3か月程度かかります。よって、70歳未満の方で入院や通院時に医療機関での支払が高額になることが予想される場合には、事前に「限度額適用認定証」の交付を受け、健康保険証とともに医療機関の窓口に提示することで、月の負担額を自己負担額までにすることができます。

（次頁に続く）

高額療養費

高額療養費は、

❶ **同じ人が**
❷ **同じ病院や診療所で**
❸ **1か月間に（1日〜月末）**
❹ **入院外来は別々に**
❺ **自己負担限度額を超えた分の医療費を支払ったとき**

に支給されます。また、同一世帯で同一月に自己負担額が2万1,000円以上の人が2人以上いる場合には合算できます。1人が2つ以上の保険医療機関にかかり、それぞれの自己負担額が2万1,000円以上のときも合算できます。

自己負担限度額

70歳未満	高額療養費算定基準額	
標準報酬月額	入院・通院	多数該当（年4回以上）
83万円以上	252,600円＋（総医療費-842,000円）×1%	140,100円
53〜79万円	167,400円＋（総医療費-558,000円）×1%	93,000円
28〜50万円	80,100円＋（総医療費-267,000円）×1%	44,400円
26万円以下	57,600円	44,400円
低所得者（住民税非課税等）	35,400円	24,600円

70歳以上75歳未満	高額療養費算定基準額		
標準報酬月額（高齢受給者証の割合）	外来（個人ごと）	外来＋入院（世帯ごと）	多数該当（年4回以上）
①83万円以上（3割）	252,600円＋（総医療費-842,000円）×1%		140,100円
②53〜79万円（3割）	167,400円＋（総医療費-558,000円）×1%		93,000円
③28〜50万円（3割）	80,100円＋（総医療費-267,000円）×1%		44,400円
一般所得者（①〜④以外の方）	18,000円（年間上限144,000円）	57,600円	44,400円
④低所得者 Ⅱ※	8,000円	24,600円	
④低所得者 Ⅰ※		15,000円	

※④Ⅱ．被保険者が市区町村民税の非課税者等である方
※④Ⅰ．被保険者とその扶養家族すべての方の収入から、必要経費・控除額を除いた後の所得がない方

● 被保険者　被扶養者　世帯合算　高額療養費支給申請書

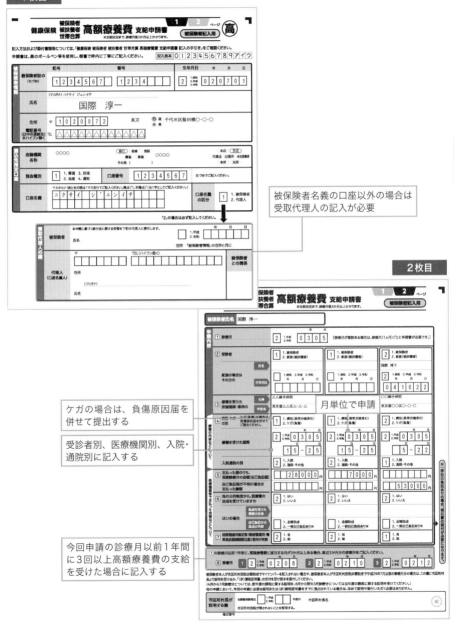

1枚目

被保険者名義の口座以外の場合は
受取代理人の記入が必要

2枚目

ケガの場合は、負傷原因届を
併せて提出する

受診者別、医療機関別、入院・
通院別に記入する

月単位で申請

今回申請の診療月以前1年間
に3回以上高額療養費の支給
を受けた場合に記入する

（次頁に続く）　155

こんなときどうする？
Q&A 高額療養費の払い戻し申請

Q1 入院が2か月にまたがったときは？

A1 1か月ごとに1枚の申請書が必要です。

高額療養費は1か月（1日～末日）にかかった医療費をもとに決定します。

入院が2か月にまたがる場合は2枚提出してもらい、それぞれ自己負担限度額を超えた分が払い戻されます。

Q2 入院前に、検査のため外来受診したときは？

A2 合算して申請できます。

70歳未満の方は、同月内に入院と外来がある場合は、保険適用分の支払いがともに21,000円以上であれば、合算して申請することができます。

70歳以上75歳未満の方は、保険適用分の支払いすべてを合算して申請することができます。

Q3 同一世帯のなかで2人が入院したときは？

A3 合算して申請できます。

同月内に同一世帯の2人以上が受診した場合、保険適用分の支払いがともに2万1,000円以上であれば、合算して申請することができます（70歳未満の方）。70歳以上75歳未満の方は、保険適用分の支払いすべてを合算して申請することができます。

被保険者とその被扶養者が、合算することができる同一世帯です。同居していても、扶養に入らずそれぞれ健康保険に加入している場合は、合算することはできません。

事前に入院予定があるときは、限度額適用認証を交付してもらうと便利です！

第11章

従業員が業務中または通勤中にケガ・病気になったら

労災保険

	労災	雇用保険	健康保険 厚生年金保険
仕事中にケガなどをしたとき	療養給付たる療養の給付請求書 療養補償給付たる療養の費用請求書 ··········160-163		
通勤中にケガなどをしたとき	療養給付たる療養の給付請求書 療養給付たる療養の費用請求書 ··········166-169		
労災指定病院等を変更するとき	療養補償給付たる療養の給付を受ける指定病院等（変更）届 療養給付たる療養の給付を受ける指定病院等（変更）届 ··········172-174		
病気やケガなどで働けないとき	休業補償給付支給請求書 休業給付支給請求書 ··········176-180		

労災保険の事故は、「業務災害」と「通勤災害」

業務上災害とは、仕事が原因で負傷し、または疾病にかかった場合をいいます。その場合、事業主は無過失責任者として療養補償、休業補償、傷害補償、打切り補償、遺族補償を行わなければなりません。これらは労災法で給付されるので、その限度において事業主は補償責任を免れます。

■ 業務上に該当するか否か

業務上とされるには、「業務起因性」が認められなければならず、業務起因性が認められるには、「業務遂行性」が認められなければなりません。業務起因性とは、労働者が労働契約に基づき、事業主の支配下にあること（＝業務遂行性）に伴う危険が現実化したものと認められることをいいます。従来は、いわゆる自殺については業務上と認定されることがありませんでしたが、平成11年9月に心理的負荷による精神障害等の一種として業務上災害となる場合の基準が示されました。判断するのは、労働基準監督署長です。その結果に不服がある場合は、都道府県労働局の審査官へ不服申し立てをすることになります。

■ 通勤災害に該当するか否か

通勤災害は、通勤と業務の密接な関係などから昭和48年の改正により創設されました。通勤途上災害は、事業主の管理下において発生したものではないので、事業主に補償義務はありません。労働災害とは別に通勤途上災害として請求手続きをします。よって、**給付内容は同じですが用紙は異なります。**最近は、単身赴任の場合であっても勤務先と家族の住む自宅との往復途中も通勤災害として認められることがあります。尚、通勤災害の場合は、労働者死傷病報告の提出は必要ありません。またメリット率にも影響しません。労基法19条における解雇制限にもかからないものです。通勤災害の判断は業務上と同じく労働基準監督署長です。

■ 複数の会社等に雇用されている労働者の方々について

令和2年9月の改正により、複数の会社等に雇用されている労働者の方々に対し、休業をした場合等の給付額が、**すべての勤務先の賃金額を合算した額を基に決まるようになりました。**また、脳・心臓疾患や精神障害などの疾病については、すべての勤務先の負荷（労働時間やストレス等）を総合的に評価して、労災認定できるかどうかを判断されます。

02 労働者災害補償保険法の給付

▮ 労災保険給付と特別支給金の種類

保険給付	特別支給金	ボーナス特別支給金
療養（補償）給付	なし	なし
休業（補償）給付 ※1日につき60/100	休業特別支給金 ※1日につき20/100	なし
傷病（補償）年金 ※傷害等級によって 1級313日分～ 3級245日分	傷病特別支給金 ※傷病等級によって 1級114万円～ 3級100万円	傷病特別年金 ※傷病等級によって 1級313日分～ 3級245日分
障害（補償）年金 ※障害等級によって 1級313日分～ 7級131日分	障害特別支給金 ※障害等級によって 1級342万円～ 14級8万円	障害特別年金 ※障害等級によって 1級313日分～ 7級131日分
障害（補償）一時金 ※障害等級によって 8級503日分～ 14級56日分		障害特別一時金 ※障害等級によって 8級503日分～ 14級56日分
介護（補償）給付	なし	なし
遺族（補償）年金 ※人数によって 153日分～245日分	遺族特別支給金 ※一律300万円	遺族特別年金 ※人数によって 153日分～245日分
遺族（補償）一時金 ※1,000日分		遺族特別一時金 ※1,000日分
葬祭料（葬祭給付）	なし	なし
二次健康診断等給付	なし	なし

▮ 労災保険給付と特別支給金の支給額

❶ 労災保険給付、特別支給金：給付基礎日額をもとに支給されます

給付基礎日額の求め方

$$\frac{事故の発生した日以前3か月間に支給された賃金の総額}{事故の発生した日以前3か月間の総日数（暦日数）}$$

❷ ボーナス特別支給金：算定基礎日額をもとに支給されます

算定基礎日額の求め方

事故の発生した日以前1年間に支給された特別給与の総額

ONE POINT

特別給与とは

3か月を超える期間ごとに支払われる賃金で、給付基礎日額から除外されるものをいいます。

ボーナス特別支給金

賞与などの特別給与の額を算定の基礎として支給されます。

端数処理

1円未満の端数がある場合は、1円に切り上げます。

特別加入者

ボーナス特別支給金は支給されません。

書類の押印

令和2年12月より、労災保険関係の請求書等は、押印または署名が無くても受付する取り扱いとなりました。

MEMO

第11章 従業員が業務中または通勤中にケガ・病気になったら ● 労災保険

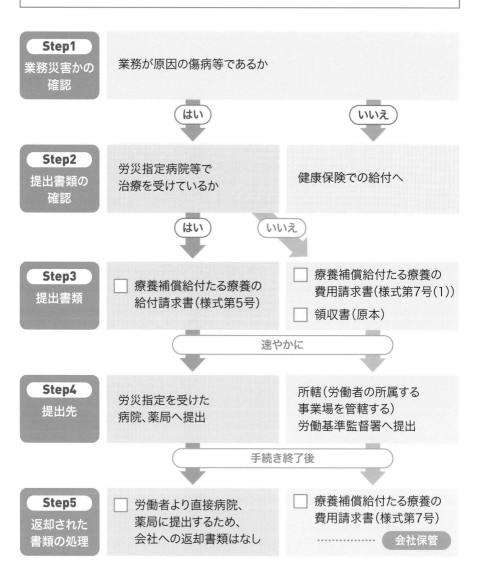

療養補償給付

03 仕事中にケガなどをしたとき

業務災害

仕事が原因でケガをしたり、疾病（病気）にかかってしまった場合、労災指定病院等において、無償で治療を受けることができます。

Step1 業務災害かの確認
業務が原因の傷病等であるか

はい → / いいえ →

Step2 提出書類の確認
労災指定病院等で治療を受けているか

健康保険での給付へ

はい → / いいえ →

Step3 提出書類
☐ 療養補償給付たる療養の給付請求書（様式第5号）

☐ 療養補償給付たる療養の費用請求書（様式第7号(1)）
☐ 領収書（原本）

速やかに

Step4 提出先
労災指定を受けた病院、薬局へ提出

所轄（労働者の所属する事業場を管轄する）労働基準監督署へ提出

手続き終了後

Step5 返却された書類の処理
☐ 労働者より直接病院、薬局に提出するため、会社への返却書類はなし

☐ 療養補償給付たる療養の費用請求書（様式第7号）

会社保管

▌業務災害とは

❶ 事業主の支配・管理下で業務に従事しているとき

所定労働時間内や残業時間内に会社施設内において業務に従事している場合、特段の事情がない限り、業務災害と認められます（作業中、後片付け中など）。

❷ 事業主の支配・管理下にあるが業務に従事していないとき

昼休みや就業時間前後に会社施設内にいて業務に従事していない場合、会社の施設・設備、管理状況が原因で発生した災害は業務災害になります。（会社内での休憩中など）なお、休憩時間中の私的行為には認められません。

❸ 事業主の支配下にあるが、管理下を離れて業務に従事しているとき

出張や社用での外出により会社の施設外で業務に従事している場合、事業主の支配下にあることから特段の事情がない限り、業務災害と認められます（出張中、研修受講中など）。

出張先に出向いてから帰宅するまでが業務となります。

▌給付の内容

❶ 療養の給付

労災病院や薬局（以下「指定医療機関」）で、自己負担なしで治療や薬剤の支給等を受けられる現物給付です。

❷ 療養の費用の支給

労災指定以外の病院や薬局で療養を受けた場合に、その療養にかかった費用を支給する現金給付です。一旦全額を病院に支払い、立て替え払いをした分の領収書（原本）を添えて、後日労働基準監督署に請求します。

▌手続きに必要な書類

❶ 療養の給付

（1）療養補償給付たる療養の給付請求書：様式第5号

❷ 療養の費用の支給（領収書の原本を添付が必要）

（1）医師または歯科医師から治療を受けたとき：様式第7号

（2）薬局から薬剤の支給を受けたとき：様式第7号（2）

（3）その他、柔道整復師、はり師及びきゅう師、あん摩マッサージ指圧師から手当を受けたとき、訪問看護事業者から訪問看護を受けたとき

など、事情によって書式が異なります。

❸ 労働者私傷病報告

（1）休業4日以上…労災が発生都度、遅滞なく提出します。

（2）休業4日未満…4半期ごとにまとめて対象者分を提出します。

🖊 ONE POINT

「被保険者」という考え方はありません

労働者を一人でも使用する事業は、原則として適用事業となり、保険料は全額事業主負担となります。加入は会社ごとに行い労働者ごとには行いません。

使用者補償義務

業務上の災害については労働基準法で、使用者が療養補償その他の補償をしなければならないと定められていますが、労災保険による補償給付を受けた場合は、補償義務が免除されます。

健康保険証使用不可

指定医療機関で受診する際、業務災害である旨を伝えてください。後日、様式第5号を提出することで費用請求を行わなくて済む場合があります。

🖊 MEMO

第11章 従業員が業務中または通勤中にケガ・病気になったら ● 労災保険

（次頁に続く）

● 療養給付たる療養の給付請求書

様式第5号であることを確認する

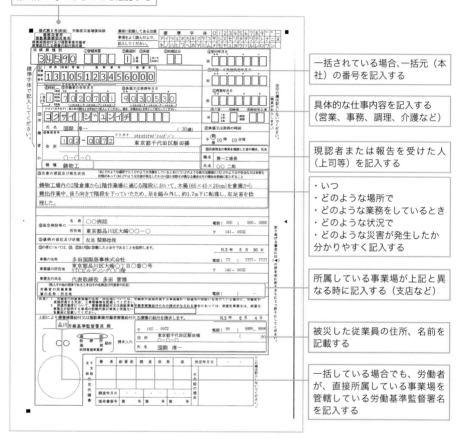

一括されている場合、一括元（本社）の番号を記入する

具体的な仕事内容を記入する（営業、事務、調理、介護など）

現認者または報告を受けた人（上司等）を記入する

・いつ
・どのような場所で
・どのような業務をしているとき
・どのような状況で
・どのような災害が発生したか
分かりやすく記入する

所属している事業場が上記と異なる時に記入する（支店など）

被災した従業員の住所、名前を記載する

一括している場合でも、労働者が、直接所属している事業場を管轄している労働基準監督署名を記入する

注意点

❶ 薬剤の支給を行っている場合、薬局にも「療養補償給付たる療養の給付請求書（様式第5号）」を提出します。

❷ 指定病院等を経由して労働基準監督署へ提出するので、被災した従業員が病院に提出することになります。

● 療養補償給付たる療養の費用請求書

様式第7号であることを確認する

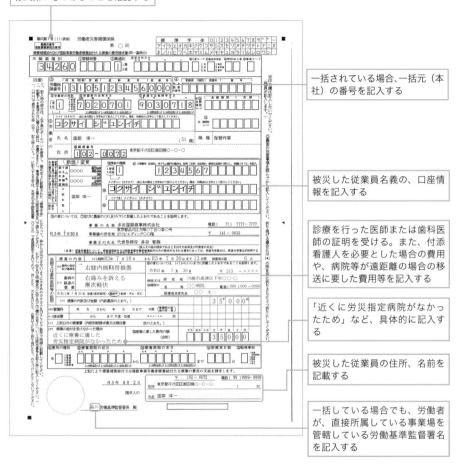

一括されている場合、一括元（本社）の番号を記入する

被災した従業員名義の、口座情報を記入する

診療を行った医師または歯科医師の証明を受ける。また、付添看護人を必要とした場合の費用や、病院等が遠距離の場合の移送に要した費用等を記入する

「近くに労災指定病院がなかったため」など、具体的に記入する

被災した従業員の住所、名前を記載する

一括している場合でも、労働者が、直接所属している事業場を管轄している労働基準監督署名を記入する

第**11**章

従業員が業務中または通勤中にケガ・病気になったら ● 労災保険

注意点

❶ 治療行為を受けた先により、様式が異なります。

❷ 裏面にも災害の状況等記載する箇所があります。

❸ 領収書を添付し、直接労働基準監督署に提出するため、会社から送付します。

（次頁に続く）

ONE POINT

療養費請求の時効は2年

療養の費用の支払いを
した日ごとに請求権が
発生し、その翌日から
2年経つと請求権は消
滅します。
療養の給付については
時効は問題ありません。

MEMO

こんなときどうする？
Q&A　業務災害

Q1 継続一括を受けている時の提出先は？

A1 **支店を管轄する労働基準監督署へ提出します。**

申請様式の労働保険番号は一括先（本社）の番号を記載し
ますが、申請書の提出先は、支店等を管轄する労働基準監
督署になります。

Q2 カイロプラクティックを受診したときは？

A2 **療養の費用請求はできません。**

費用請求の対象にはなりませんので、全額自己負担となり
ます。

Q3 給付はいつまで？

A3 **傷病が治ゆするまで行われます。**

給付は傷病が治ゆするまで行われますが、労災保険におけ
る「治ゆ」とは、完全に回復した状態のみをいうものでは
なく、傷病の症状が安定し、医学上一般に認められた医療
（健康保険に準拠しています）を行ってもその医療効果が
期待できなくなった状態をいいます。

Q4 派遣社員がケガをした場合は？

A4 **管轄は派遣元です。**

派遣労働者については、適用は派遣元になりますが、「労
働者死傷病報告書」は、派遣元および派遣先双方がそれぞ
れの労働基準監督署に提出する必要があります。

Q5 請負契約、業務委託の方がケガをした場合は？

A5 **労働者ではないので労災保険の適用はありません。**

ただし次に該当する場合、労働基準法上の労働者であると
判断されます。

（1）仕事の依頼や業務従事で諾否の自由がない

（2）業務遂行について本人の裁量の余地があまりない

（3）勤務時間について拘束される

（4）本人のかわりに他の者が労務提供することが認めら
　　れていない

Q6 法人の代表者または取締役が被災したときは？

A6 一定の要件を満たせば健康保険から給付が受けられます。

❶代表者または取締役は労働基準法上の労働者ではないため、労災保険に特別加入していない限り、労災保険による給付は受けられません。兼務役員の場合は、労働者である部分についてのみ給付されることがあります。

❷健康保険法は、業務外の事由によるケガや病気に対して保険給付を行うこととされているため、業務を起因としているケガなどは健康保険の給付の対象とはなりませんが、小規模な法人の代表者等については、その実態等を踏まえ、取り扱いをされることになっています。

＜業務上の傷病についての健康保険の取り扱い＞

(1) 被保険者数が5人未満である適用事業所に所属する法人の代表等であって、一般の従業員と変らない業務に従事している者については、健康保険の給付対象とします。

(2) 特別加入している者や兼務役員として労働者と同じ地位を保有している者については、労災保険による保険給付を行います。

(3) 傷病手当金については、自らの報酬を決定する立場にあり、報酬の減額等を受ける立場にないことから、給付は行いません。

Q7 業務上腰痛の認定基準は？

A7 通達で定められています。

❶災害性の原因による腰痛

(1) 腰部に対する急激な力の作用が業務遂行中に突発的な出来事として生じたと明らかに認められること。

(2) 腰部に作用した力が腰痛を発症させ、又は腰痛の既往症若しくは基礎疾患を著しく悪化させたと医学的に認めるに足りるものであること。

＜例＞
重量物を2人で運搬作業中、1人が手を滑らせ落としそうになったため、もう1人が受け止めようとした際、腰に負担がかかり腰痛を発症

❷災害性の原因によらない腰痛

(1) 重い物を扱う業務や腰に過度の負担がかかる業務に従事して腰痛が発症した場合で、明らかにその労働によって腰痛が発症したことが認められること。

＜例＞
❶短期間（3か月から数年）の労働で発症した場合

(1) 約20キロ以上の重量物を繰り返し中腰で取り扱う業務

(2) 不自然な姿勢で毎日数時間行う業務

(3) 腰を伸ばせない同一の作業姿勢を長時間続けて行う業務

(4) 腰に非常に強い振動を受ける作業を続けて行う業務

❷相当長期間（10年以上）の労働で発症した場合

(1) 約30キロ以上の重量物を労働時間の1/3以上取り扱う業務

(2) 約20キロ以上の重量物を労働時間の1/2以上取り扱う業務

／ ONE POINT

腰痛について

発症原因の判断が難しいため、労災保険で取り扱うかどうか、治療した医師に相談をしてください。

✎ MEMO

第11章 従業員が業務中または通勤中にケガ・病気になったら ● 労災保険

通勤中にケガなどをしたとき

通勤災害

通勤途上でケガなどをした場合、労災指定病院等において、無償で治療を受けることができます。ただし、一部負担金（200円）が発生する場合があります。通勤と業務の密接な関係などから昭和48年の改正により創設されました。

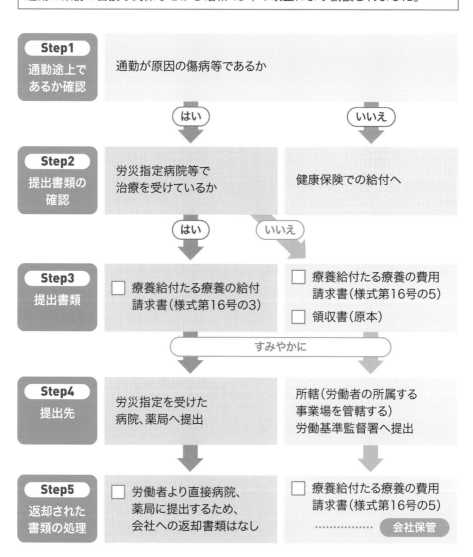

▌通勤災害とは

❶ 通勤とは次の３つをいいます。ただし、業務の性質を有するものを除きます。

（1）住居と就業の場所との往復

（2）就業の場所から他の就業場所への移動（複数就労）

（3）単身赴任先住居と帰省先住居との間の移動

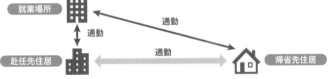

❷ 移動と就業の関連性：就業日の前日、翌日までに行われるものについて、就業との関連性が認められています。

《例》
月曜日の出勤のため、日曜日に帰省先住居から、赴任先住居へ帰ったとき

❸ 移動の経路を逸脱し、または中断した場合

（1）逸脱または中断の間およびその後の移動は「通勤」とはなりません。

（2）逸脱または中断が日常生活上必要な行為（投票、散髪など）であるときは、逸脱または中断の間を除き「通勤」となります。

▌給付の内容

給付内容と手続きに必要な書類は業務災害と同一です。

ONE POINT

単身赴任者とは

転勤などにより、同居していた配偶者と別居して赴任先で単身で生活する者の他、赴任先において家族と離れて生活する独身者も含みます。

MEMO

第11章 従業員が業務中または通勤中にケガ・病気になったら ● 労災保険

療養給付たる療養の給付請求書

表

様式が請求内容にあっているかを確認する

一括されている場合、一括元（本社）の番号を記入する

第三者行為災害に該当する場合、第三者行為災害届の添付が必要

所属している事業場が上記と異なる時に記入する（支店など）

被災した従業員の住所、名前を記載する

一括している場合でも、直接所属している事業場を管轄している労働基準監督署名を記入する

注意点

❶ 薬剤の支給を行っている場合、薬局にも「療養給付たる療養の給付請求書（様式第16号の3）」を提出します。

❷ 指定病院等を経由して労働基準監督署へ提出するので、被災した従業員が病院に提出することになります。

裏

様式第16号の3（裏面）　　　　　　　　通勤災害に関する事項

（イ）	災害時の通勤の種別 （該当する記号を記入）	イ	イ、住居から就業の場所への移動　　ロ、就業の場所から住居への移動 ハ、就業の場所から他の就業の場所への移動 ニ、イに先行する住居間の移動　　ホ、ニに接続する住居間の移動
（ロ）	負傷又は発病の年月日及び時刻	R3 年　6 月　17 日　午前・午後　8 時 45 分頃
（ハ）	災害発生の場所	品川区大崎○丁目×銀行前	就業の場所 品川区大崎○丁目 （災害時の通勤の種別がハに該当する場合は移動の終点たる就業の場所） ○番○号
（ホ）	就業開始の予定年月日及び時刻 （災害時の通勤の種別がイ、ハ又はニに該当する場合に記載すること）	R3 年　6 月　17 日　午前・午後　9 時 00 分頃
（ヘ）	住居を離れた年月日及び時刻 （災害時の通勤の種別がイ、ニに該当する場合に記載すること）	R3 年　6 月　17 日　午前・午後　8 時 00 分頃
（ト）	就業終了の年月日及び時刻 （災害時の通勤の種別がロ、ハに該当する場合に記載すること）	年　　月　　日　午前・午後　　時　　分頃
（チ）	就業の場所を離れた年月日及び時刻 （災害時の通勤の種別がハ又はニに該当する場合に記載すること）	年　　月　　日　午前・午後　　時　　分頃
（リ）	災害時の通勤の種別に関する移動の通常の経路、方法及び所要時間並びに災害発生の日に住居又は就業の場所から災害発生の場所に至った経路、方法、所要時間その他の状況	自宅（徒歩10分）→水道橋駅（総武線5分） →秋葉原駅（山手線20分） →大崎駅（徒歩5分）→会社 ［通常の通勤所要時間　　時間　40 分］
（ヌ）	災害の原因及び発生状況 （あ）どのような場所を（い）どのような方法で移動している際に（う）どのような物で又はどのような状況において（え）どのようにして災害が発生したか（お）②と初診日が異なる場合はその理由を詳細に記載すること	JR大崎駅から会社まで徒歩で出勤中、大崎○丁目×銀行本店 前の市道で道路の縁石につまづき、転倒し、左手首を骨折した。
（ル）	現認者の　　住　　所	中央区日本橋浜町○-○-○
	氏　　名	○○ ヒサ　　　　　　　　　　　　電話（ 888 ）888-8888
（ヲ）	転任の事実の有無 （災害時の通勤の種別がロ又はハに該当する場合）	有 ・ 無	（ワ）転任直前の住居に係る住所

			③その他就業先の有無	
有 無	有の場合のその数 （ただし表面の事業場を含まない）		有の場合でいずれかの事業で特別加入している場合の特別加入状況（ただし表面の事業を含まない）	
	労働保険番号（特別加入）	加入年月日	労働保険事務組合又は特別加入団体の名称	
			年　　月	

［項目記入に当たっての注意事項］

1　記入すべき事項のない欄又は記入枠は空欄のままとし、事項を選択する場合は当該事項を○で囲んでください。（ただし、⑯欄並びに⑱欄については⑱事項を記入枠に記入してください。）

2　傷病補償年金受給権者が当該傷病に係る療養の給付を請求する場合には、⑬労働保険番号欄に左欄で年金証書番号を記入してください。この場合は記入しないでください。

3　⑫は、請求人が健康保険の日雇特例被保険者でない場合には記入する必要はありません。

4　（ホ）は、災害時の通勤の種別がイ又はニの場合には、移動の終点たる就業の場所における就業開始の予定時刻を、ニの場合には、後続するイの移動の終点たる就業の場所における就業開始の予定の年月日及び時刻を記載してください。

5　（ト）は、災害時の通勤の種別がロ又はハの場合には、移動の起点たる就業の場所における就業終了の年月日及び時刻を記載してください。

6　（チ）は、災害時の通勤の種別がハの場合には、移動の起点たる就業の場所を離れた年月日及び時刻を記載してください。

7　（リ）は、通常の通勤の経路を図示し、災害発生の場所及び災害発生の日に住居又は就業の場所から災害発生の場所に至った経路を朱線等を用いて記入するとともに、その他の事項についてもできるだけ詳細に記載してください。

［標準字体記入にあたっての注意事項］

□□□　で表示された記入枠に記入する文字は、光学式文字読取装置（OCR）で直接読取りを行いますので、以下の注意事項に従って、

1　筆記用具は黒ボールペンを使用し、記入枠からはみださないように書いてください。

2　「濁音」「よう音」などは大きく書き、濁点、半濁点は1文字として書いてください。

例
キッテ → キッテ　　キョ → キョ　　バ → ハ゛

3　シツソン　は斜の弧を書き始めるとき、小さくカギを付けてください。

4　1　はカギを付けないで直線に、4　の2本の縦線は上で閉じないで書いてください。

派遣元事業主 証明欄	派遣元事業主が証明する事項（表面の⑤並びに（ロ）、（ハ）、（ニ）、（ホ）、（ト）、（チ）、（リ）（通常の通勤の経路及び方法に限る。）及び（ヲ））の記 載内容について事実と相違ないことを証明します。			
	年　　月　　日	事業の名称 事業場の所在地 事業主の氏名 （法人その他の団体であるときはその名称及び代表者の氏名）		電話（ ）　－ 〒　　－
	社会保険 労務士 記載欄	作成年月日・提出代行者・事務代理者の表示	氏　名	電話番号 （　）　－

通勤災害の状況を記入する
・通勤経路
・方法
・通勤時間
・災害の発生の日に住居または就業の場所から災害発生に至った経緯
・方法
・所要時間
もわかりやすく記入する

・どのような場所で
・どのような状態で
・どのようにして
災害が発生したかを、わかりやすく記入する

現認者または報告を受けた人（上司等）を記入する

（次頁に続く）　169

Q&A 通勤災害

こんなときどうする？

Q1 一部負担金が発生するときは？

A1 **通勤災害による療養給付を受ける場合に徴収されます。**

❶一部負担金が徴収される場合

初回に、一部負担金として200円（健康保険法第69条の7に規定する日雇特例被保険者は100円）が徴収されます。

ただし、徴収は休業給付からの控除です。

❷一部負担金が徴収されない場合

（1）第三者行為災害により療養給付を受ける場合

（2）療養開始後3日以内に死亡した場合

（3）休業給付を受けない場合

（4）同一の通勤災害により、既に一部負担金を徴収されている場合

（5）特別加入者

Q2 最寄駅から会社の送迎バスを利用した際にケガをしたときは？

A2 **業務災害です。**

通勤途上のケガではありますが、会社提供の送迎バス乗車中の災害は、業務上として取り扱われます。

Q3 家の玄関先でケガをしたときは？

A3 **通勤災害にはなりません。**

通勤災害における「住居と就業の場所との間」ですが、具体的には住居の敷地内又は専有部分内は対象となりません。

Q4 アパートの階段でケガをしたときは？

A4 **通勤災害になります。**

住居については、一般の方が自由に通行できるか否かをその基準にして判断しています。したがって、アパートの場合は外戸が通勤の始点・終点となるので、外戸を通過した階段での災害ですので、通勤経路上における災害と認められます。

Q5 会社で禁止している車通勤によって被災したときは？

A5 通勤災害になることがあります。

会社が禁止している車通勤でも、そのことを理由として通勤災害にならないということはありません。車通勤をしたことの理由、そして通勤経路が合理的な経路であることが必要になります。

Q6 退社後に理髪店または美容院に立ち寄る行為は？

A6 日用品の購入その他これに準ずる行為に該当します。

日常生活上必要な行為と認めることができ、その後合理的な経路に復した後は通勤と認められます。

Q7 休日に緊急呼び出しを受け、通勤途中でケガをしたときは？

A7 通勤災害ではなく業務災害として取り扱われます。

❶休日に突発的な事故による呼び出しのための出勤は、「業務の性質を有するもの」として業務災害の対象となります。❷事前に休日出勤が決まっていた場合などは、通勤途中の災害として取り扱われます。

Q8 昼休みに自宅に帰宅する途中でケガをしたときは？

A8 帰宅した際に、昼食をとったり家族の世話などを行ったりする場合は通勤災害にあります。

通勤は1日について1回のみしか認められないものではないので、昼休み等就業時間の間に相当の間隔があって帰宅する場合には、その往復行為は就業との関連性を認められるとされています。この質問のような場合、午前中の業務を終了して帰り、午後の業務に就くために出勤する途中と解釈されるので、通勤災害とみなされます。

Coffee Break **退職後の給付について**

保険給付を受ける権利は、労働者の退職によって変更されることはありません。

→労働者災害補償保険法12条の5、1項

第**11**章 従業員が業務中または通勤中にケガ・病気になったら ● 労災保険

171

労災指定病院等を変更するとき

業務災害　通勤災害

「療養の給付」を受けていた従業員が、通院または入院をしていた労災指定病院等から労災指定病院等へ変更した場合に、書類を提出します。

Step1
医療機関の確認

労災指定病院等から労災指定病院等へ変更したか

はい　　　　　　　　　　　　　いいえ

Step2
提出書類の確認

業務災害か、通勤災害か　　　次ページ参照

業務　　通勤

Step3
提出書類

☐ 療養補償給付たる療養の給付を受ける指定病院等（変更）届（様式第6号）

☐ 療養給付たる療養の給付を受ける指定病院等（変更）届（様式第16号の4）

変更後速やかに

Step4
提出先

変更後の労災指定病院等へ提出

変更後の労災指定病院等へ提出

Step5
返却された書類の処理

☐ 療養補償給付たる療養の給付を受ける指定病院等（変更）届（様式第6号）
　　　　　　　　　会社保管

☐ 療養給付たる療養の給付を受ける指定病院等（変更）届（様式第16号の4）
　　　　　　　　　会社保管

労災指定病院等から労災指定病院等へ変更

❶ 労災指定病院等 ➡ 労災指定病院等

　転院後の病院に「療養補償給付たる療養の給付を受ける指定病院等（変更）届（様式第6号）」もしくは「療養給付たる療養の給付を受ける指定病院等（変更）届（様式第16号の4）」を提出します。

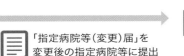

指定病院等 ➡ 指定病院等

「指定病院等（変更）届」を
変更後の指定病院等に提出

どちらか労災指定病院等でない場合

❶ 労災指定病院等以外 ➡ 労災指定病院等

　転院後の病院に「療養補償給付たる療養の給付請求書」（様式第5号）もしくは「療養給付たる療養の給付請求書」（様式16号の3）を改めて提出することにより、現物給付を受けることになります。

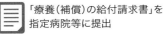

指定病院等以外 ➡ 指定病院等

「療養（補償）の給付請求書」を
指定病院等に提出

❷ 労災指定病院等 ➡ 労災指定病院等以外

　労働基準監督署に「療養補償給付たる療養の費用請求書」（様式第7号）もしくは「療養給付たる療養の費用請求書」（様式16号の5）を改めて提出することにより、現金給付を受けることになります。領収書（原本）を添付します。

指定病院等 ➡ 指定病院等以外

「療養（補償）費用請求書を
労働基準監督署に提出

（次頁に続く）　173

ONE POINT

書類提出は早めに

変更する先の病院が決まったら、労災指定の有無に関係なく書類は速やかに提出しましょう。

MEMO

第11章　従業員が業務中または通勤中にケガ・病気になったら ● 労災保険

● 療養（補償）給付たる療養の給付を受ける指定病院等（変更）届

一括している場合でも、直接所属している事業場を管轄している労働基準監督署名を記入する

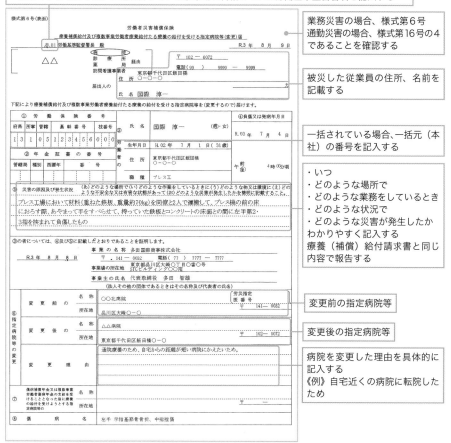

業務災害の場合、様式第6号
通勤災害の場合、様式第16号の4
であることを確認する

被災した従業員の住所、名前を
記載する

一括されている場合、一括元（本
社）の番号を記入する

・いつ
・どのような場所で
・どのような業務をしているとき
・どのような状況で
・どのような災害が発生したか
わかりやすく記入する
療養（補償）給付請求書と同じ
内容で報告する

変更前の指定病院等

変更後の指定病院等

病院を変更した理由を具体的に
記入する
《例》自宅近くの病院に転院した
ため

注意点

❶ 業務災害の場合の用紙は、様式第6号、通勤災害の場合の用紙は、様式第16号の4になります。
❷ 変更後の指定病院等を経由して労働基準監督署へ提出するので、被災した従業員が病院に提出することになります。添付書類はありません。

Q&A　労災指定病院等の変更

Q1 新しい労災指定病院等に改めて療養（補償）給付請求書を提出する必要は？

A1 提出する必要はありません。
労災指定病院等から労災指定病院等へ変更の場合、指定病院等（変更）届を提出すれば、改めて療養（補償）請求書を提出する必要はありません。

Q2 労災指定病院等の証明は必要？

A2 必要ありません。
病院の証明は必要ありませんが、提出は、変更後の労災指定病院等を経由して所轄（会社を管轄する）労働基準監督署へ行います。

Coffee Break　社会復帰促進等事業

労災保険では、業務災害または通勤災害により傷病を被った被災労働者やその遺族に対する各種の保険給付と併せて被災労働者の社会復帰の促進、被災労働者やその遺族の援護、適正な労働条件の確保等を図ることにより被災労働者の福祉の増進を図ることを目的とした社会復帰促進等事業を行っています。

＜概要＞
①療養に関する施設などの設置および運営その他被災労働者の円滑な社会復帰を促進するために必要な事業：労災病院の設置・運営、義肢等補装具の購入又は修理に要した費用の支給など

②療養生活の援護、介護の援護、その遺族の就学の援護などに必要な事業：特別支給金の支給、労災就学等援護費の支給など

③業務災害の防止に関する活動に対する援助、その他労働者の安全および衛生の確保、保険給付の適切な実施の確保などを図るために必要な事業：未払賃金の立替払事業の実施など

第11章 従業員が業務中または通勤中にケガ・病気になったら●労災保険

06 病気やケガなどで働けないとき

業務災害　通勤災害

従業員が、業務上の事由または通勤によりケガや病気のため働くことができず、そのために賃金を受けていないとき、休業補償給付（業務災害）または休業給付（通勤災害）がその第4日目から支給されます。生活保障を目的とした給付です。

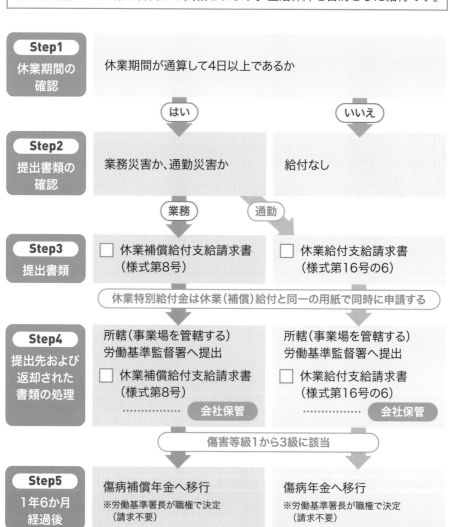

Step1
休業期間の確認

休業期間が通算して4日以上であるか

はい　いいえ

Step2
提出書類の確認

業務災害か、通勤災害か　給付なし

業務　通勤

Step3
提出書類

☐ 休業補償給付支給請求書（様式第8号）　☐ 休業給付支給請求書（様式第16号の6）

休業特別給付金は休業（補償）給付と同一の用紙で同時に申請する

Step4
提出先および返却された書類の処理

所轄（事業場を管轄する）労働基準監督署へ提出
☐ 休業補償給付支給請求書（様式第8号）
・・・・・・・・　会社保管

所轄（事業場を管轄する）労働基準監督署へ提出
☐ 休業給付支給請求書（様式第16号の6）
・・・・・・・・　会社保管

傷害等級1から3級に該当

Step5
1年6か月経過後

傷病補償年金へ移行
※労働基準署長が職権で決定（請求不要）

傷病年金へ移行
※労働基準署長が職権で決定（請求不要）

▍支給要件

❶ 業務上の事由又は通勤によるケガや病気であること

❷ 労働することができないこと

❸ 賃金を受けていないこと

❹ 待期期間３日間が完了していること（連続している必要なし）

● 待期期間

（例1）所定労働時間中にケガをした場合

（例2）残業中にケガをした場合

（例3）欠勤が連続していない場合（所定労働時間内）

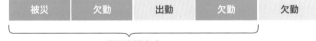

※暦日でカウントしますので、公休日も欠勤日数に含まれます
※被災した日に医療機関を受診していない場合は、受診日が待期期間の初日になります

▍給付の内容

❶ 休業（補償）給付：給付基礎日額×60％

❷ 休業特別支給金：給付基礎日額×20％

▍複数事業労働者の保険給付額

（例）　2つの事業場（A社とB社）でそれぞれ月給制により就業している場合
　　　※A社では月給30万円、B社では月給15万円、直近3か月の暦日数が90日の場合

A社　　30万円×3か月÷90日＝10,000円
B社　　15万円×3か月÷90日＝5,000円
A社＋B社　　10,000円＋5,000円＝15,000円

給付基礎日額：15,000円

第11章　従業員が業務中または通勤中にケガ・病気になったら ● 労災保険

MEMO

（次頁に続く）

休業補償給付支給請求書

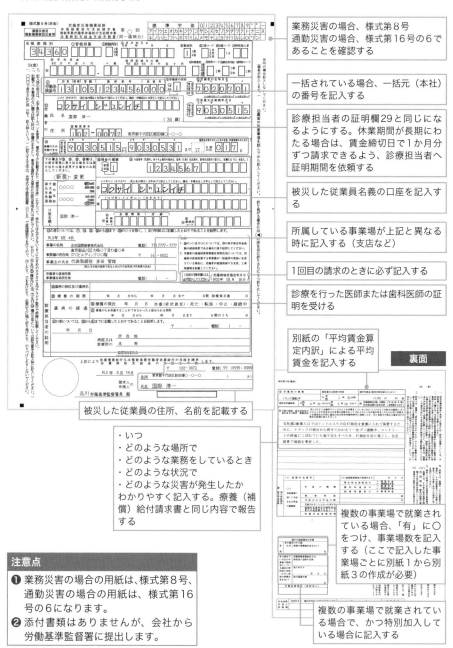

業務災害の場合、様式第8号
通勤災害の場合、様式第16号の6であることを確認する

一括されている場合、一括元（本社）の番号を記入する

診療担当者の証明欄29と同じになるようにする。休業期間が長期にわたる場合は、賃金締切日で1か月分ずつ請求できるよう、診療担当者へ証明期間を依頼する

被災した従業員名義の口座を記入する

所属している事業場が上記と異なる時に記入する（支店など）

1回目の請求のときに必ず記入する

診療を行った医師または歯科医師の証明を受ける

別紙の「平均賃金算定内訳」による平均賃金を記入する

裏面

被災した従業員の住所、名前を記載する

・いつ
・どのような場所で
・どのような業務をしているとき
・どのような状況で
・どのような災害が発生したか
わかりやすく記入する。療養（補償）給付請求書と同じ内容で報告する

複数の事業場で就業されている場合、「有」に〇をつけ、事業場数を記入する（ここで記入した事業場ごとに別紙1から別紙3の作成が必要）

複数の事業場で就業されている場合で、かつ特別加入している場合に記入する

注意点

❶ 業務災害の場合の用紙は、様式第8号、通勤災害の場合の用紙は、様式第16号の6になります。

❷ 添付書類はありませんが、会社から労働基準監督署に提出します。

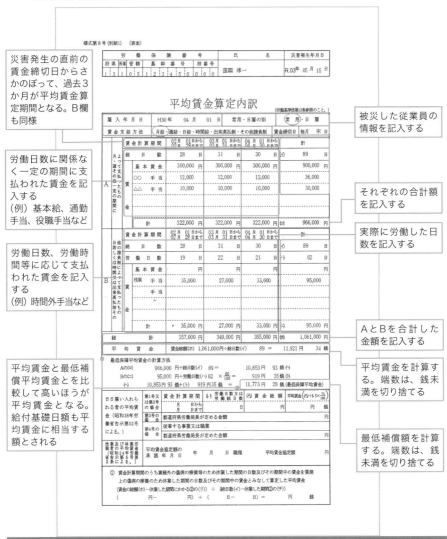

● 平均賃金算定内訳

災害発生の直前の賃金締切日からさかのぼって、過去3か月が平均賃金算定期間となる。B欄も同様

労働日数に関係なく一定の期間に支払われた賃金を記入する（例）基本給、通勤手当、役職手当など

労働日数、労働時間等に応じて支払われた賃金を記入する（例）時間外手当など

平均賃金と最低補償平均賃金とを比較して高いほうが平均賃金となる。給付基礎日額も平均賃金に相当する額とされる

被災した従業員の情報を記入する

それぞれの合計額を記入する

実際に労働した日数を記入する

AとBを合計した金額を記入する

平均賃金を計算する。端数は、銭未満を切り捨てる

最低補償額を計算する。端数は、銭未満を切り捨てる

第11章 従業員が業務中または通勤中にケガ・病気になったら ● 労災保険

注意点

❶ 業務災害の場合の用紙は、様式第8号（別紙1）、通勤災害の場合の用紙は、様式第16号の6（別紙1）になります。

❷ 別紙1の裏面に
(1) 業務外の傷病の療養等のため休業した期間およびその期間中の賃金の内訳
(2) 特別給与の額（3か月を超える期間ごとに支払われる賃金）
について記載する欄がありますので、該当する場合は記入します。

（次頁に続く）

複数事業労働者

様式第8号（別紙3）

業務災害の場合、様式第8号
通勤災害の場合、様式第16号の6で
あることを確認する

複数事業労働者用

① 労働保険番号（請求書に記載した事業場以外の就労先労働保険番号）

都道府県	所掌	管轄	基幹番号	枝番号
1 3	1	0 5	1 2 3 4 5 6 0 0 0	

② 労働者の氏名・性別・生年月日・住所

（フリガナ氏名）	コクサイ ジュンイチ	㊚	生年月日	
（漢字氏名）	国際 淳一	女	（昭和・平成・令和）	2 年 7 月 1 日

〒　　102 － 0072

（フリガナ住所）　トウキョウトチヨダクイイダバシ

（漢字住所）　東京都千代田区飯田橋〇-〇-〇

③ 平均賃金（内訳は別紙1のとおり）

5056 円　17 銭

様式第8号もしくは様式第16号の6
（表面）で記入した事業場以外の事業
場について、別紙1の「平均賃金算
定内訳」によって計算された平均賃
金を記入する

④ 雇入期間

（昭和・平成・令和） 30 年 4 月 1 日 から　現在　年 月 日 まで

⑤ 療養のため労働できなかった期間

令和　3 年 5 月 15 日　から　3 年 5 月 31 日 まで　　17 日間のうち

⑥ 賃金を受けなかった日数（内訳は別紙2のとおり）　17 日

様式第8号もしくは様式第16号の6
（表面）で記入した事業場以外の事業
場の雇用期間を記入する

⑦ 厚生年金保険等の受給関係

（イ）基礎年金番号　　　　　　　　　　　　（ロ）被保険者資格の取得年月日

（ハ）当該傷病に関して支給される年金の種類等

年金の種類　厚生年金保険法の　　イ　障害年金　　ロ　障害厚生年金
　　　　　　国民年金法の　　　　ハ　障害年金　　ニ　障害基礎年金
　　　　　　船員保険法の　　　　ホ　障害年金

障害等級　　　　　級　　支給されることとなつた年月日　　年 月 日

基礎年金番号及び厚生年金等の年金証書の年金コード

所轄年金事務所等

各事業場ごとに事業主の証明が必要

上記②の者について、③から⑦までに記載されたとおりであることを証明します。

R.3 年 6 月 5 日

事業の名称　　株式会社大崎製菓　　電話（ ×× ）××××－××××

事業場の所在地　東京都新宿区西新〇-〇-〇

事業主の氏名　　代表取締役　大崎 太郎

新宿労働基準監督署長　殿

社会保険労務士記載欄	作成年月日・提出代行者・事務代理者の表示	氏　名	電話番号
			（　）　－

休業（補償）給付請求

Q1 請求できる日数は決まっているの？
A1 何日分でも請求できます。
　請求する日数については、労働者災害補償保険法では定めがなく任意となっていますので、何日分ずつでも請求できます。休業期間が長期にわたる場合は、賃金締切日で1か月分ずつ請求する方が多いようです。

Q2 休業特別支給金を申請するにはどうしたらいいの？
A2 休業（補償）給付請求書と同一用紙で申請できます。
　休業特別支給金は、休業（補償）給付の対象となる日について、給付基礎日額の20%が支給されます。申請は、休業（補償）給付の請求と同時にしなくてはいけませんが、請求書は同一になっていますので、一度に請求することが可能です。

Q3 所定労働時間の一部のみ働いたときはどうなるの？
A3 差額の60%（特別支給金20%）が支給されます。
　❶所定労働時間の一部のみ働いた場合、
　（給付基礎日額−実労働時間の賃金）×60%
　が支給されます。
　❷所定労働時間の一部について労働した日が含まれる場合は、様式第8号または様式第16号の6の別紙2を添付してください。

Q4 3日の待期期間は？
A4 連続している必要はありません。
　労災保険の場合、待期期間は、継続していても、断続していても構いません。
　（健康保険の傷病手当金は、3日の継続が必要です）

Q5 給付基礎日額を算定する場合、入社後3か月に満たないときは？
A5 入社日から災害発生日までで計算します。
　賃金締切日があるときは、直前の賃金締切日までで計算します。

ONE POINT
休業（補償）給付請求権の時効は2年
働くことができない日ごとに請求権が発生します。時効はその翌日から2年です。

MEMO

第11章　従業員が業務中または通勤中にケガ・病気になったら　労災保険

ONE POINT

傷病（補償）年金について

労働基準監督署長が職権で決定します。請求は不要です。

通勤災害によるけがなどで休業している間について

この期間は解雇制限にかかりません。
客観的に合理的な理由を欠き、社会通念上相当であると認められない場合を除き、解雇することができます。

MEMO

Q6 傷病（補償）年金ってどんなもの？

A6 **療養を開始してから1年6か月を経過した日または同日後に要件に該当した場合、支給されます。**

支給要件

（1）ケガまたは病気が治っていないこと

（2）ケガまたは病気の程度が、厚生労働省で定める傷病等級に該当すること

※該当した場合、休業（補償）給付は受給できなくなりますが、療養（補償）給付は引き続き受けられます。

Q7 1年6か月後に傷病等級に該当しなかったときは？

A7 **引き続き休業（補償）給付が受けられます。**

引き続き休業している場合、休業（補償）給付が支給されます。

Q8 業務上のケガや病気で休業している間、解雇することは？

A8 **業務災害のために休業している期間とその後30日間は解雇することができません（労働基準法19条）。**

ただし、会社が「打切補償」を行った場合、解雇制限が解除されますので、解雇することができるようになります。

＜打切補償＞

療養補償を受ける従業員が、療養開始後3年を経過しても傷病が治らない場合には、会社が平均賃金の1,200日分を支払うことにより、以後、労働基準法上の災害補償を免れることができることをいいます。

休業が長くなるような場合は、1か月ごとに区切って請求するといいニャー

07 「複数事業労働者」への 労災保険給付

多様な働き方を選択する方やパート労働者等で複数就業している方が増えているなど、副業・兼業を取り巻く状況の変化を踏まえ、複数の会社で働いている場合、働いているすべての会社の賃金額を基に保険給付が行われること、すべての会社の業務上の負荷（労働時間やストレス等）を合わせて評価して労災認定されることになりました（2020年9月1日改正）。

▌複数事業労働者とは

❶ 被災した（業務や通勤が原因でケガや病気などになったり死亡した）時点で、事業主が同一でない複数の事業場と労働契約関係にある労働者の方をいいます。

❷ その他に、1つの会社と労働契約関係にあり、他の就業について特別加入している方、複数の就業について特別加入している方も対象となります。

▌複数事業労働者の給付基礎日額

複数事業労働者については、各就業先の事業場で支払われている賃金額を合算した額を基礎として給付基礎日額（保険給付の算定基礎となる日額）が決定されます。対象となる給付は、休業（補償）給付、遺族（補償）給付や障害（補償）給付などです。

● **賃金額の合算の具体例**

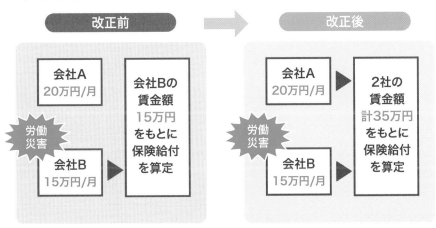

（次頁に続く）　183

▌複数業務要因災害とは

　下記の例のように、複数の事業の業務を要因とする傷病等（負傷、疾病、傷または、死亡）について支給事由となる災害を「複数業務要因災害」といいます。なお、対象となる傷病等は、脳・心臓疾患や精神障害などです。

　複数事業労働者の方については、1つの事業場のみの業務上の負荷（労働時間やストレス等）を評価して業務災害に当たらない場合に、複数の事業場等の業務上の負荷を総合的に評価して労災認定できるか判断します。

▌【例】会社Ａと会社Ｂに就労している者が労災の申請をした場合

従来：時間外労働やストレスといった業務負荷が個別に評価されるため、会社Ａと会社Ｂのいずれにおいても労災が認定されてないというケースがありました。
改正後：会社Ａと会社Ｂの負荷を総合的に評価して労災認定が判断されることになります。

● 負荷の総合的評価の具体例

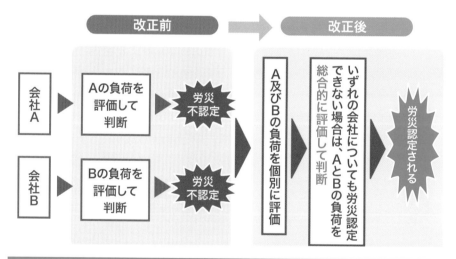

▌「複数業務要因災害」たる保険給付の種類

・複数業務労働者休業給付　　・複数業務労働者療養給付
・複数業務労働者障害給付　　・複数業務労働者遺族給付
・複数業務労働者葬祭給付　　・複数業務労働者傷病年金
・複数業務労働者介護給付

第12章

従業員が定年退職し再雇用されたら

健康保険・厚生年金保険・雇用保険

	労災	雇用保険	健康保険 厚生年金保険
従業員を 再雇用するとき			被保険者資格喪失届 被保険者資格取得届 被扶養者（異動）届 国民年金第3号資格取得届 <div style="text-align:right">186-188</div>
高年齢雇用 継続給付		雇用保険被保険六十歳到達時等賃金証明書 高年齢雇用継続給付支給申請書 <div style="text-align:right">190-194</div>	

従業員を再雇用するとき

健康保険　厚生年金保険

60歳以上の従業員を退職後に継続して再雇用する場合など、喪失と取得手続きを行うことにより、契約更新された月から更新後の給与に応じた標準報酬月額に決定をすることができます。

（定年退職後1日も空かずに）再雇用された場合や、60歳以上であれば、契約更新などにより、その後の標準報酬が従前と比べ1等級以上低下するとき

Step1
必要書類の確認

☐ 新たな雇用契約を結んだことを明らかにできる書類（雇用契約書など）

☐ 就業規則（定年退職の部分）の写し

☐ その他、取得の手続きと同様

⬇

Step2
提出書類

☐ 被保険者資格喪失届

☐ 被保険者資格取得届

☐ 被扶養者（異動）届：被扶養者がいる場合

☐ 国民年金第3号被保険者関係届：60歳未満の配偶者がいる場合

⬇

Step3
提出期限と提出先

加入している
健康保険組合、年金事務所、企業年金基金へ

⬇ 手続き終了後

Step4
返却された書類の処理

☐ 資格取得確認および標準報酬月額決定通知書 ····· 会社保管

☐ 健康保険被扶養者（異動）届 ···················· 会社保管

☐ 国民年金第3号被保険者関係届 ················ 会社保管

☐ 健康保険被保険者証 ··························· 本人

▌対象者となる方

＜ケース１＞

　定年による退職後継続して再雇用される場合に、使用関係が一旦中断したものとみなし、同日得喪の手続きを行うことができます。

＜ケース２＞

　60歳以上であれば、再雇用後の契約更新、パートタイムの契約更新、取締役の退任翌日の就任の場合も、同日得喪の手続きを行うことができます。

● 62歳まで管理職として勤務しその後嘱託社員となった場合

このパターンの場合、**60歳の定年再雇用時と62歳の契約更新時**に給与が低下しているので、2回「同日得喪」することができます。

● 継続雇用者の給与が毎年下がる場合

このパターンの場合、毎年給与が下がるため、**60歳～62歳の契約更新時**に「同日得喪」することができます。

▌（例）標準報酬月額50万円から再雇用後20万円になるとき

＜社会保険料＞

月額50万円の時……健康保険料29,100円 厚生年金保険料45,750円
月額20万円の時……健康保険料11,640円 厚生年金保険料18,300円
※健康保険料に介護保険料も含む

（次頁に続く）　187

✏ ONE POINT

再雇用された従業員が年金受給で不利にならないようにするには

通常、固定的賃金変更は、4か月目に随時改定（月額変更）を行います。
再雇用後の給与が下がった場合にこの手続きを行うと、再雇用後の標準報酬月額がすぐに反映されて在職老齢年金額が計算されることになります。
再雇用後の最初の月から給与変動に対応した標準報酬月額に改定できる手続きを行い、再雇用後の標準報酬月額をすぐに改定することで、年金の支給停止が受給権者にとって不利にならないようにすることができます。

📝 MEMO

第**12**章

従業員が定年退職し再雇用されたら ● 健康保険・厚生年金保険・雇用保険

● 被保険者資格取得届

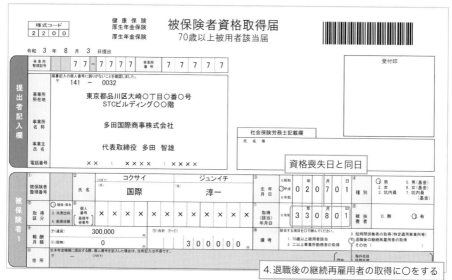

● 被保険者資格喪失届

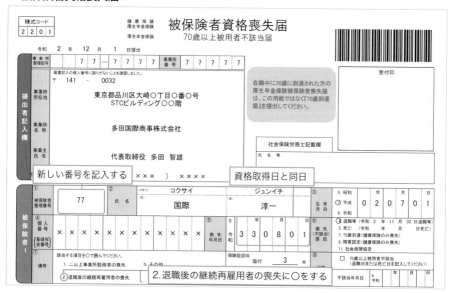

注意点

❶ 資格取得日と資格喪失日は同日です。

❷ 備考欄に「定年再雇用同日得喪」と記入します。

Q&A 同日得喪について

Q1 傷病手当金を受給中、支給額は下がるの？

A1 **傷病手当金の支給額は、原則、下記計算式で算出されるため、標準月額の改定に伴う変更はありません。**
（支給開始日以前の継続した12か月間の各月の標準月額を平均した額）÷30日×2/3
※1番最初に給付が支給される日

Q2 法人の役員が60歳以降に退任し、引き続き嘱託社員として再雇用されたときは？

A2 **同様の取り扱いとなります。**
法人の役員等については、法人から労務の対償として報酬を受けている場合は、法人に使用される者として厚生年金保険等の被保険者となります。したがって、法人の役員が特別支給の老齢厚生年金の受給権者である被保険者であれば、同様の取扱いとなります。

<添付書類>
「役員規程、取締役会の議事録などの役員を退任したことがわかる書類および退任後継続して嘱託社員として再雇用されたことがわかる雇用契約書」など

Q3 従業員がパートタイマーやアルバイトのときは？

A3 **被保険者となっている場合は同様です。**
この取扱いについては、正社員の方に限定されるものではなく、厚生年金保険等の被保険者に対する取扱いとなりますので、パートタイマーやアルバイトなどで厚生年金保険等の被保険者となっている方も対象となります。

Q4 再雇用後加入要件を満たさないときは？

A4 **同日での取得喪失の取扱いはできません。**
1日でも間が空いた場合は、この取扱いはできません。

第**12**章

従業員が定年退職し再雇用されたら ● 健康保険・厚生年金保険・雇用保険

02 高年齢雇用継続給付

雇用保険

高年齢雇用継続給付は、**被保険者であった期間が通算して5年以上あり、60歳到達時時点に比べて賃金が75%未満に低下**した状態で働き続ける60歳以上65歳未満の被保険者の方に支給される給付です。

Step1
必要書類の確認

- [ ] 年齢を確認できる書類（免許証の写し、住民票など）
- [ ] 通帳の写し※金融機関の確認印がない場合
- [ ] 出勤簿・賃金台帳・労働者名簿

Step2
提出書類

- [ ] 雇用保険被保険者六十歳到達時等賃金証明書
- [ ] 高年齢雇用継続給付受給資格確認票・（初回）高年齢雇用継続給付支給申請書

最初に受給を受けようとする月の初日から4か月以内

Step3
提出期限と提出先

提出先：事業所の所在地を管轄するハローワーク

※支給申請は、事業主が行いますが、被保険者本人が自ら申請手続きを行うことを希望する場合は、本人が申請することも可能です。

手続き終了後 ｜ 支給決定後約1週間〜10日程で振り込まれます

Step4
返却された書類の処理

- [ ] 確認（否認）通知書 ……………………………… ご本人様へ
- [ ] 高年齢雇用継続給付次回支給申請日指定通知書（事業主通知用） ………… 会社保管
- [ ] 高年齢雇用継続給付支給申請書
  …………………………… 申請可能月まで会社で保管

2回目以降……公共職業安定所長が指定する支給申請月までに申請します

▌給付金支給額

高年齢雇用継続給付は、**60歳以上65歳未満**の一般被保険者を対象とし、被保険者であった期間が通算して5年以上あるときに、各月の賃金額が60歳到達時点の賃金月額の75％未満で、かつ支給限度額未満である場合支給対象月ごとに、賃金の低下率に応じて計算され、支給されます。

・**賃金低下率が61％以下の場合は、実際に支払われた賃金額×15％が支給されます。**
（例）**60歳到達時賃金月額40万円 支払賃金24万円**
24万円×15％支給＝36,000円
（例）**60歳到達時賃金月額80万円 支払賃金40万円**
➡支給対象外

60歳到達時等の賃金月額上限額（令和3年8月から）は473,100円になります。60歳時の賃金がこの額を超える場合は、この額を基準に賃金低下の計算がなされます。

よって、473,100円に比べて40万円の賃金は、84％の低下になるために対象外となります。

・賃金低下率が61％を超えて75％未満の場合は、実際に支払われた賃金額×支給率％が支給されます。
・**賃金低下率が75％以上の場合**、又は支給限度額以上の場合は支給されません。

▌年金の併給調整

在職老齢年金と高年齢雇用継続給付を同時に受給すると、高年齢の給付額に応じ、年金の一部が支給停止されます。
停止率：0％〜6％

（次頁に続く）　191

ONE POINT

❶高年齢雇用継続給付は非課税です。

❷毎年8月1日に支給限度額および下限額が変更になります。
雇用保険法の規定に基づき、毎月勤労統計の平均定期給与額の上昇し、または低下した比率に応じて毎年自動変更されます。

支給限度額
　　　　360,584円
下限額
　　　　2,061円
（令和3年8月1日から令和4年7月31日まで）

MEMO

第**12**章

従業員が定年退職し再雇用されたら ● 健康保険・厚生年金保険・雇用保険

在職中の年金受給の在り方の見直し
60〜64歳に支給される在職老齢年金制度について

　60〜64歳に支給される特別支給の老齢厚生年金を対象とした在職老齢年金制度について、年金の支給が停止される基準が、現行の賃金と年金月額の合計額28万円から47万円に緩和されます。これにより、賃金と年金月額の合計額が28万円から47万円の方は年金額の支給停止がされなくなります。この制度改正は、2022年4月から適用されます。65歳以上の基準（47万円）は、変更されません。

現行	60〜64歳 65歳以降	基※＋ 総※ ＝28万円以下 基 ＋ 総 ＝47万円以下	全額支給
見直し内容	60歳以降	基 ＋ 総 ＝47万円以下	全額支給

※基…基本月額（加給年金額を除いた特別支給の老齢厚生（退職共済）年金の月額）
※総…総報酬月額相当額（（その月の標準報酬月額）＋（その月以前1年間の標準賞与額の合計）÷12）

在職定時改定の導入

　在職定時改定とは、65歳以上の在職中の老齢厚生年金受給者について、年金額を毎年10月に改定し、それまでに納めた保険料を年金額に反映する制度です。

　従来は、退職等により厚生年金被保険者の資格を喪失するまでは、老齢厚生年金の額は改定されませんでしたが、在職定時改定の導入により、就労を継続したことの効果を退職を待たずに早期に年金額に反映することで年金を受給しながら働く在職受給権者の経済基盤の充実が図られます。この制度改正は、2022年4月から適用されます。

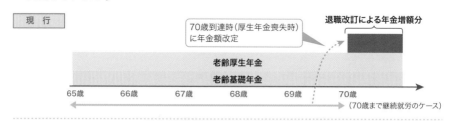

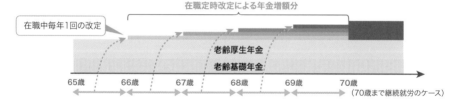

雇用保険被保険者六十歳到達時等賃金証明書

60歳の誕生日の前日または、60歳に達した日後に被保険者期間が通算して5年間を満たした日を記入する

事業主の証明が必要
2枚目 代表㊞ 押印2箇所
（1箇所は捨印 欄外に押印する）

2枚目に60歳に達する従業員に押印をしてもらう

60歳に達した日等に離職したものとみなして記入する。記入の仕方は離職証明書と同じ

高年齢雇用継続給付受給資格確認票・（初回）高年齢雇用継続給付支給申請書

事業主の証明が必要
1枚目 代表㊞ 押印1箇所

2枚目に60歳に達する従業員に押印をしてもらう

金融機関で確認印をもらわない場合は、通帳の写し（表紙と見開き11ページ目）を添付する

（次頁に続く） 193

高年齢雇用継続給付支給申請書

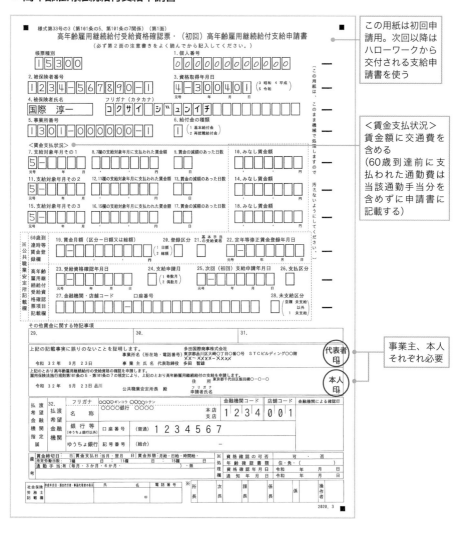

様式第33号の3（第101条の5、第101条の7関係）（第1面）
高年齢雇用継続給付受給資格確認票・（初回）高年齢雇用継続給付支給申請書
（必ず第2面の注意書きをよく読んでから記入してください。）

帳票種別　15300

1. 個人番号　0000000000000

2. 被保険者番号　1234-567890-1

3. 資格取得年月日　4-300401（3 昭和 4 平成 / 元号 年 月 日 / 5 令和）

4. 被保険者氏名　国際　淳一　フリガナ（カタカナ）コクサイ　ジュンイチ

5. 事業所番号　1301-000000-1

6. 給付金の種類　1（1 基本給付金 / 2 再就職給付金）

＜賃金支払状況＞
7. 支給対象年月その1　5-□□□
8,7欄の支給対象年月に支払われた賃金額　□□□□□円
9. 賃金の減額のあった日数　□□□日
10. みなし賃金額　□□□□□円

11. 支給対象年月その2　5-□□□
12,11欄の支給対象年月に支払われた賃金額　□□□□□円
13. 賃金の減額のあった日数　□□□日
14. みなし賃金額　□□□□□円

15. 支給対象年月その3　5-□□□
16,15欄の支給対象年月に支払われた賃金額　□□□□□円
17. 賃金の減額のあった日数　□□□日
18. みなし賃金額　□□□□□円

※公共職業安定所記載欄

60歳到達時等賃金登録欄
19. 賃金月額（区分－日額又は総額）
20. 登録区分（1 日額 / 2 総額）
21. 基本月日の受給ас率
22. 定年等修正賃金登録年月日

高年齢雇用継続給付受給資格確認票項目記載欄
23. 受給資格確認年月日
24. 支給申請月（1 奇数月 / 2 偶数月）
25. 次回（初回）支給申請年月日
26. 支払区分

27. 金融機関・店舗コード　口座番号
28. 未支給区分（空欄 未支給以外 / 1 未支給）

その他賃金に関する特記事項
29.　30.　31.

上記の記載事実に誤りのないことを証明します。
事業所名（所在地・電話番号）東京都品川区大崎○丁目○番○号　STCビルディング○○階
令和 32 年　9 月 23 日　××-××××-××××
事業主氏名 代表取締役　多田　智雄　多田国際商事株式会社

代表者印

上記のとおり高年齢雇用継続給付の受給資格の確認を申請します。
雇用保険法施行規則第101条の5・第101条の7の規定により、上記のとおり高年齢雇用継続給付の支給を申請します。
令和 32 年　9 月 23 日 品川　公共職業安定所長　殿
住　所 東京都千代田区飯田橋○-○-○
フリガナ　申請者氏名

本人印

払渡希望金融機関指定届	32. 払渡希望金融機関	フリガナ ○○○○ギンコウ ○○○シテン		金融機関コード	店舗コード	金融機関による確認印
		名　称 ○○○○銀行 ○○○○	本店支店	1234	001	
		銀行等（ゆうちょ銀行以外）口座番号（普通）1234567				
		ゆうちょ銀行 記号番号（総合） －				

備考
賃金締切日：日 賃金支払日：当月・翌月　日 賃金形態：月給・日給・時間給
所定労働日数：7欄　日　11欄　日　15欄　日
通勤手当：有（毎月・3か月・6か月）・無

処理欄
資格確認の可否　可・否
年齢確認書類　住・免・（　）
資格確認年月日 令和　年　月　日
通知年月日 令和　年　月　日

社会保険労務士記載欄 作成年月日・提出代行者・事務代理者の表示　氏名　電話番号　印

所長　次長　課長　係長　係　操作者

2020. 3

注意点

❶ 申請日は2か月に1度。会社ごとに奇数月、偶数月が決まっているので、必ず期間内に提出してください。

Q&A 60歳到達時賃金登録

Q1 60歳到達日とは？

A1 60歳到達日は、60歳の誕生日の前日になります。

雇用保険法における年齢の計算は、「年齢計算に関する法律」の原則に従い、誕生日の応当する日の前日の午前零時に、満年齢に達するものとして取り扱いますので、60歳到達日とは「60歳の誕生日の前日」をいいます。

Q2 60歳以降も雇用する者の賃金が低下しないときは？

A2 登録の義務はありませんが、登録手続きをお勧めします。

平成16年1月1日の施行規則改正により、登録の義務はなくなりましたが、後日支給要件に該当した場合や、被保険者が転職をして支給要件に該当することになるなどの事態が考えられますので、登録手続きを行うことをお勧めします。

Q3 過去に他の会社で雇用されていた期間は？

A3 被保険者であった期間5年間とは、同一の適用事業に継続して雇用された期間だけではなく、一定の要件を満たせば過去に勤務していた事業所での被保険者期間も含まれます。

含めることができるとき
離職した日の翌日が被保険者資格を再取得した日の前日から起算して1年以内にあるとき

含めることができないとき
基本手当（再就職手当等を含む）または特例一時金の支給を受けたことがあるとき（これらの給付の受給資格等にかかる離職の日以前の被保険者であった期間は通算されません）

Q4 登録の申請期間は？

A4 60歳到達時から65歳到達日までならいつでも登録を行うことができます。

賃金等は、60歳到達時にさかのぼって登録します。ただし、60歳に達したときに受給資格を否認された場合で、その後受給資格を満たしたときは、受給資格が確認された時点での「賃金月額」になります。

MEMO

第12章 従業員が定年退職し再雇用されたら ● 健康保険・厚生年金保険・雇用保険

（次頁に続く）

こんなときどうする？ Q&A 高年齢雇用継続給付

Q1 受給中に被保険者資格を喪失したときは？

A1 暦月の初日から末日の途中で離職等（被保険者資格を喪失）した場合、その月は支給対象となりません。

❶月の末日で離職した場合

その月の分まで支給対象となるので、離職前の事業主または本人が支給申請をすることができます。

❷離職後１日の空白もなく再就職した場合

受給資格は継続されるので、離職・再就職日の属する月も支給対象となります。この月の支給申請は、再就職先の事業主または本人が行うことになりますが、離職前の事業主から賃金の支払いがあるときは、離職前の事業主の確認印が必要になります。

❸離職したが失業給付を受給しないで再就職した場合

雇用継続基本給付金の受給が可能です。ただし、１年以上の空白があるときは、受給できません。

Q2 通勤費を６か月定期で支払っているとき、60歳になる前に受給した分は賃金額に含む？

A2 賃金額には含みません。

支給対象期間の各月に支払われた賃金額を記入するので、支給対象期間外に支払いがあった通勤手当は含めることができません。

Coffee Break　高年齢雇用継続給付の見直し

令和７年度から新たに60歳となる労働者への同給付の給付率を10%に縮小（令和７年４月１日施行）

※ 賃金と給付の合計額が60歳時点の賃金の70.4%を超え75%未満の場合は逓減した率
※ 令和７年３月31日までに60歳になっている方（誕生日が昭和40年４月２日以前の方）は、従前どおりの給付率
※ 見直しに当たり、高年齢労働者の処遇の改善に向けて先行して取り組む事業主に対する支援策とともに、同給付の給付率の縮小後の激変緩和措置についても併せて講ずる

第13章

会社に
変更事項があったら
健康保険・厚生年金保険・雇用保険

	労災	雇用保険	健康保険 厚生年金保険
会社が名称・ 住所を変更した とき	労働保険 名称・所在地変更届 ……………198-203	雇用保険 事業主事業 所各種変更届 ……………198-203	健康保険・厚生年金保 険 適用事業所名称／ 所在地（訂正）届 ……………198-203
会社の事業所が 増えた場合の 一括の申請	労働保険成立届 労働保険 継続事業一 括認可・追加・取消申 請書 ……………205-210	雇用保険 事業所非該 当承認申請書 事業所非該当承認申請 調査書 ……………205-210	
支店等を廃止 するとき	労働保険 継続事業一 括・取消申請書 確定保険料申告 ……………213-215	雇用保険適用事業所廃 止届 ……………213-215	
就業規則 制定・変更届に ついて	就業規則 ……………216-219		

01 会社が名称・住所を変更した場合

事業所の名称・所在地を変更した場合、管轄する年金事務所（健康保険組合）、労働基準監督署およびハローワークに変更の届け出をする必要があります。社会保険は変更日から5日以内、労働保険は変更日から10日以内に手続きを行います。

Step1
必要書類の確認

社会保険

☐ 登記簿謄本（原本）
　※登記簿と所在地が異なる場合には賃貸借契約書の写しなど

労働保険

☐ 労働保険 名称、所在地等変更届の控え(ハローワークへ)

☐ 登記簿謄本（写）
　※登記簿と所在地が異なる場合には賃貸借契約書の写しなど

Step2
提出書類

社会保険

☐ 健康保険・厚生年金保険 適用事業所名称/所在地変更（訂正）届

労働保険

☐ 労働保険 名称・所在地変更届（労働基準監督署へ提出）

☐ 雇用保険 事業主事業所各種変更届（ハローワークへ提出）

Step3
提出先

社会保険

移転前の管轄の年金事務所へ提出

労働保険

移転後の労働基準監督署・ハローワークに提出

※都道府県をまたいでの移転の場合には、移転前の労働基準監督署で保険料の清算を行い、移転後の労働基準監督署で新規加入の手続きを行います。

手続き終了後

Step4
返却された 書類の処理

控えが出ないのでコピーを
添えて控えにします

社会保険
☐ 健康保険・厚生年金保険適用事業所名称/
所在地変更(訂正)届(控)‥‥‥‥‥‥‥‥‥ 会社保管

労働保険
☐ 労働保険名称、所在地変更届(控)‥‥‥‥‥‥ 会社保管
☐ 雇用保険 事業主事業所各種変更届(控)‥‥‥

▌名称・所在地変更に必要な社会保険の手続き

❶ 年金事務所への手続き

「健康保険・厚生年金保険 適用事業所 名称/所在地 変更(訂正)届」を変更前の事業所の管轄の年金事務所に提出します。

❷ 保険証の差し替えについて

協会けんぽの都道府県支部が変更になる場合は健康保険証の差し替えが行われます。新しい健康保険証が発行されましたら、古い保険証を回収し、移転前の協会けんぽ都道府県支部へ返却します。事業所の都道府県が変わらないときは、保険証の差し替えはせずに、古い保険証をそのまま使います。

▌名称・所在地変更に必要な労働保険の手続き

❶ 労働基準監督署への手続き

(1) 同一都道府県内で移転した場合

移転後の事業所所在地を管轄する労働基準監督署へ「労働保険名称、所在地変更届」を提出します。

(2) 都道府県をまたいで移転した場合

移転前の労働基準監督署で労働保険料の清算をし、その後移転後の労働基準監督署に新たに「労働保険成立届」「労働保険概算保険料申告書」を提出します。

❷ ハローワークへの手続き

移転等で管轄の労基署が変わると労働保険番号も変わるため、労基署での手続き後に新しく付与された労働保険番号を各種変更届に記入(労基署に届け出た書類の控えを添付)し、変更後の所在地を管轄するハローワークに「雇用保険 事業

✏ ONE POINT

健康保険組合加入の場合

健康保険組合に加入している場合には、健康保険分の「適用事業所所在地・名称変更届」は健康保険組合へ、厚生年金分は年金事務所へ届け出ることになります。

✏ MEMO

主事業所各種変更届」を提出します。

■ 代表者変更に必要な社会保険の手続き

代表者が変更になった場合、管轄の年金事務所に「健康保険・厚生年金保険事業所関係変更（訂正）届」を提出します。代表者が変更になった場合は、一緒に代表者の住所変更も必要なため、住所変更についても記載が必要です。労働保険については代表者変更の届出は必要ありません。

電話番号が変わったとき、労災保険料率表の事業の種類が変わったときも、移転した時同様「労働保険　名称、所在地等変更届」の用紙を使用します。

● 所在地名称変更（訂正）届

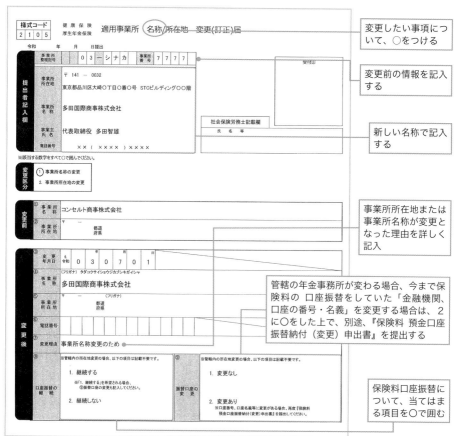

労働保険 名称、所在地等変更届

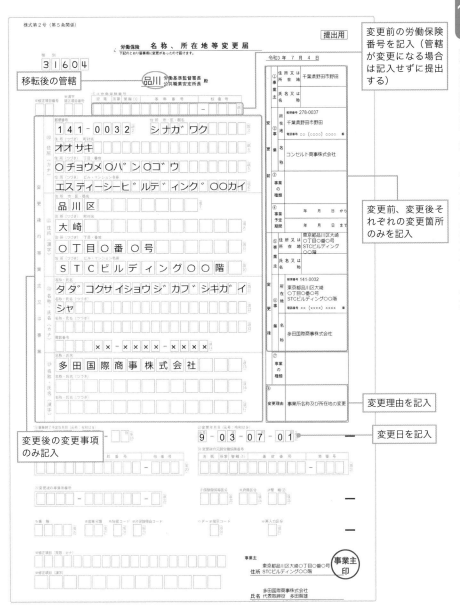

移転後の管轄

変更前の労働保険番号を記入（管轄が変更になる場合は記入せずに提出する）

変更前、変更後それぞれの変更箇所のみを記入

変更理由を記入

変更日を記入

変更後の変更事項のみ記入

雇用保険事業主事業所各種変更届

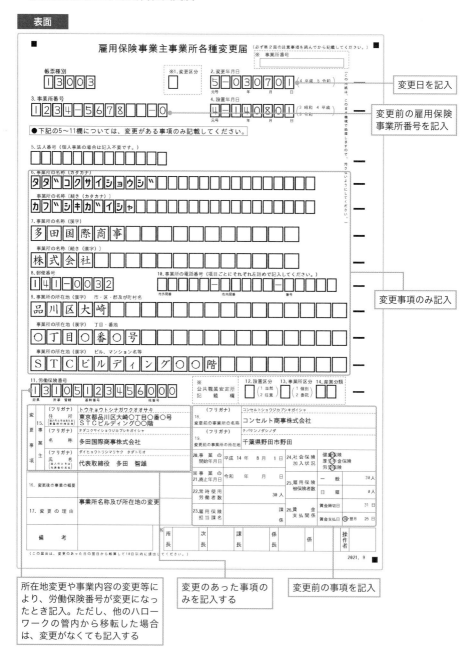

雇用保険事業主事業所各種変更届 （必ず第2面の注意事項を読んでから記載してください。）

※ 事業所番号

帳票種別 `13003`

※1.変更区分 ☐

2.変更年月日 `5-030701` （4 平成 5 令和）
元号 年 月 日

→ 変更日を記入

3.事業所番号 `1234-5678__-0`

4.設置年月日 `4-140801` （3 昭和 4 平成 / 5 令和）
元号 年 月 日

→ 変更前の雇用保険事業所番号を記入

●下記の5〜11欄については、変更がある事項のみ記載してください。

5.法人番号（個人事業の場合は記入不要です。）

6.事業所の名称（カタカナ）
`タダ゙コクサイショウジ`

事業所の名称〔続き（カタカナ）〕
`カブシキガイシャ`

7.事業所の名称（漢字）
`多田国際商事`

事業所の名称〔続き（漢字）〕
`株式会社`

8.郵便番号 `141-0032`

10.事業所の電話番号（項目ごとにそれぞれ詰めで記入してください。）
市外局番　　　市内局番　　　番号

9.事業所の所在地（漢字）市・区・郡及び町村名
`品川区大崎`

事業所の所在地（漢字）丁目・番地
`〇丁目〇番〇号`

事業所の所在地（漢字）ビル、マンション名等
`STCビルディング〇〇階`

11.労働保険番号 `13|05|123456|000`
府県 所掌 管轄 基幹番号 枝番号

※公共職業安定所記載欄

12.設置区分
☐ 当然 ☐ 任意

13.事業所区分
☐ 個別 ☐ 委託

14.産業分類

→ 変更事項のみ記入

変更事項			
事業主	15.	（フリガナ）トウキョウトシナガワクオオサキ	
	住所（法人のときは主たる事務所の所在地）	東京都品川区大崎〇丁目〇番〇号　STCビルディング〇〇階	
		（フリガナ）タダコクサイショウジカブシキガイシャ	
	名称	多田国際商事株式会社	
		（フリガナ）ダイヒョウトリシマリヤク　タダトモオ	
	氏名（法人のときは代表者の氏名）	代表取締役　多田 智雄	

18.変更前の事業所の名称
（フリガナ）コンセルトショウジカブシキガイシャ
コンセルト商事株式会社

19.変更前の事業所の所在地
（フリガナ）チバケンノダシノダ
千葉県野田市野田

20.事業の開始年月日 平成 14 年 8 月 1 日

※21.事業の廃止年月日 令和 　年 　月 　日

22.常時使用労働者数 30 人

23.雇用保険担当課名 課／係

24.社会保険加入状況 健康保険／厚生年金保険／労災保険

25.雇用保険被保険者数 一般 30人／日雇 0人

26.賃金支払関係 賃金締切日 31 日／賃金支払日 翌月 25 日

16.変更後の事業の概要

17.変更の理由　事業所名称及び所在地の変更

備考

※所長／次長／課長／係長／係／操作者

（この届出は、変更のあった日の翌日から起算して10日以内に提出してください。）

2021. 9

所在地変更や事業内容の変更等により、労働保険番号が変更になったとき記入。ただし、他のハローワークの管内から移転した場合は、変更がなくても記入

変更のあった事項のみを記入する

変更前の事項を記入

雇用保険事業主事業所各種変更届

裏面

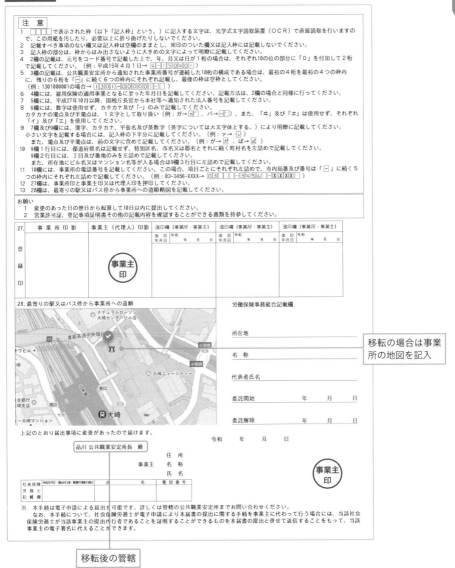

（次頁に続く）　203

Q&A 会社が名称・住所を変更した場合

Q1 同一の都道府県内で事業所が移転した場合の、協会けんぽ管掌の健康保険では新しく保険証が発行されないのはなぜ？　また、健康保険組合の場合も同じ？

A1 **協会けんぽと健康保険組合では異なります。**

協会けんぽ管掌の健康保険は、保険者が、年金事務所単位ではなく、都道府県単位となることから、同一都道府県内での所在地変更は健康保険証の差し替えの対象となりません。都外に転出した場合、事業所名称を変更した場合には、健康保険証が交付されます。一方、健康保険組合の場合には、事業所の名称変更にともなって、保険証の差替えがされる場合があります。

Q2 Q1の場合に、協会けんぽ管掌の健康保険で、保険証を差し替えたい場合にはどうしたらいいの？

A2 **健康保険証の再交付の手続きをします。**

事業所移転の手続と同時に行います。

Q3 都道府県をまたいでの事業所の所在地変更の場合、健康保険証の差替えは全員分まとめてでないとできないの？

A3 **原則全員分まとめての差し替えですが、回収済分だけでも受付はしてもらえます。**

健康保険証の差替えについては原則全員分まとめて行うことが原則ですが、回収済分のみの差替えについても受付をしてもらえます。従業員が多くなればなるほど回収するのは大変な作業になりますが、前もって準備をし、速やかに差替えができるよう従業員に指導・協力してもらうようにしましょう。

Q4 代表者や代理人の変更時に必要な届け出は何？

A4 **代表者変更に伴い事業主印を変更する場合は、ハローワークに「改印届」の提出が必要です。**

法人の場合、代表者が変わっても、労基署やハローワークへの届け出はありません。ただ、代表者変更に伴い事業主印を変更する場合は、ハローワークに「改印届」の提出が必要になります。また、代理人を選任していた場合で代理人が変更になるときは、労基署、ハローワークに「労働保険代理人選任・解任届」を提出します。

02 会社の事業所が増えた場合の一括の申請

事業所が増えた場合には、原則、事業所ごとに労働保険を成立し、保険料についても事業所ごとに申告納付します。ただし、事務処理能力がないような場合など、本社など主たる事業所で一括することも可能です。なお、社会保険については本社で一括します。

Step1
必要書類の確認

労災保険
☐ 登記簿謄本の写し

労働保険
必要に応じて

Step2
提出書類

労災保険
☐ 労働保険成立届　※事業所の所在地を管轄する労働基準監督署

☐ 労働保険 継続事業一括認可・追加・取消申請書
　※主に本社を管轄する労働基準監督署

雇用保険
☐ 雇用保険 事業所非該当承認申請書

☐ 事業所非該当承認申請調査書

Step3
提出先

労災保険
主に本社を管轄する労働基準監督署
※先に各事業所の所在地の労働基準監督署に「保険関係成立届」を提出します。

雇用保険
非該当承認を受けようとする事業所のハローワーク

手続き終了後

（次頁に続く）

労災保険

☐ 労働保険成立届(控)‥‥‥‥‥‥‥‥‥‥‥‥‥ 会社保管

☐ 労働保険 継続事業一括認可・追加・取消申請書‥‥‥‥

雇用保険

☐ 雇用保険 事業所非該当承認申請書(控)‥‥‥ 会社保管

☐ 事業所非該当承認申請調査書(控) ‥‥‥‥‥

労災保険の一括の手続き

❶ 労働保険の一括とは

　継続事業では、一つの会社でも支店や営業所などいくつか
に保険関係が分かれることがあります。これらの個々の労働
保険料の申告納付事務を、主に本社でまとめて処理すること
が、「継続事業一括」の取扱いです。

❷ 労災保険一括のための認可基準

(1) 継続事業であること

(2) 主に本社と他の事業が、同一の事業主・保険関係・事業の種類で
あること

(3) 主に本社において他の事業の処理労働者、支給する賃金の明細等
が把握できること

(4) 労働保険事務を円滑に行う事務能力を有していること

❸ 手続きについて

　支店や営業所の所在地のある労働基準監督署に「労働保険
成立届」を提出し、その後、主に本社を管轄する労働基準監
督署に「継続事業一括認可申請書」を提出します。

❹ 事業の種類が異なる場合

　指定事業と事業の種類が異なる事業所は、継続一括できま
せん。一括できない事業所は、それぞれで労働保険料の申告・
納付をします。

雇用保険の一括の手続き

❶ 雇用保険の一括とは

　労災保険において一括指定を受けた場合でも、雇用保険の
被保険者に関する手続などの事務は、個々の事業所ごとに行

いますが、人事・経理上の指揮、監督などにおいて事業所として独立性をもたず事務処理能力がないような場合には、本社などの主たる事業所で一括して被保険者に関し手続き処理をするのが「雇用保険の一括」の取り扱いです。

❷ 雇用保険一括のための条件

(1) 大規模な事業所でないこと（50人以下を目安）
(2) 募集・面接・採用・配置等の人事に関する裁量を有していないこと
(3) 賃金計算・賃金支払等の賃金に関する裁量を有していないこと
(4) 労働保険・社会保険に関する手続きは、本社等で行われていること
(5) 指揮監督や企画・立案権等の経営に関する裁量を有していないこと

❸ 手続きについて

「雇用保険 事業所非該当承認申請書」「事業所非該当承認申請調査書」を非該当承認を受けようとする事業所のハローワークに提出して承認を受けます。

> 建設工事など、事業の期間が決まっていて、それぞれの現場ごとに労災保険が成立する有期事業の場合は、一定の要件（概算保険料が160万円未満等）を満たせば複数の有期事業をまとめてひとつとみなして労働保険料の申告・納付を行うことができるしくみ（有期事業の一括）があります。
> この場合、一括有期事業としての最初の成立届は提出しますが、工事等1件ごとの成立届は不要になります。

MEMO

労働保険 保険関係成立届（継続）

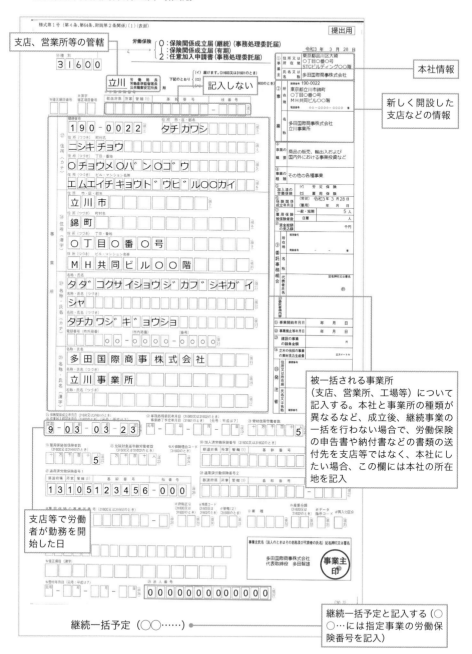

継続一括予定（○○……）

208

● 継続事業 一括認可申請書

様式第5号(第10条関係)

労働保険
継続事業一括認可・追加・取消申請書

この指定事業（本社等）について、継続事業の一括の申請が初めてであれば「新規」、2回目以降であれば「認可の追加」に〇

指定事業（本社等）について記入

①下記のとおり継続事業の一括に係る（1.新規・許可の取消）の申請をします。

指定を受けることを希望する事業又は既に指定を受けている事業

労働保険番号　1 3 1 0 5 1 2 3 4 5 6 - 0 0 0

②申請年月日（元号：平成は7）　9 - 09 - 08

③所在地　東京都品川区大崎〇丁目〇号 STCビルディング〇〇階　141-0032

保険関係成立区分（ロ）労災・雇用／（ロ）労災／（ハ）雇用　その他の各種事業

④名称　多田国際商事株式会社　電話番号 xx (xxxx) xxxx

申請書の指定事業とされ又は一括を取消される事業

1
労働保険番号　1 3 1 1 6 7 8 9 0 1 2 - 0 0 0
所在地　東京都立川市錦町〇丁目〇番〇号 MH共同ビル〇〇階　190-0022
保険関係成立区分（ロ）労災・雇用　その他の各種事業
名称　多田国際商事株式会社　立川事業所　電話番号 oo (oooo) ooo

保険関係成立届提出後に付与された仮の労働保険番号を記入

被一括される事業所（支店、営業所、工場等）について記入

一括を受けるためには、保険関係成立区分や事業の種類が同じであることが必要

東京　労働局長　殿

事業主　住所 東京都品川区大崎〇丁目〇号 STCビルディング〇〇階
氏名 多田国際商事株式会社 代表取締役 多田智雄 事業主印
（法人のときはその名称及び代表者の氏名）

● 雇用保険 事業所非該当承認申請書

非該当事業所（支店、営業所、工場等）について記入する

雇用保険　事業所非該当承認申請書（安定所用）

1. 事業所非該当承認対象施設

①名称	多田国際商事株式会社　立川事業所	⑦労働保険料の徴収の取扱	労働保険の保険料の徴収等に関する法律施行規則上の事業場とされているか　　いる・いない	
②所在地	〒190-0022　東京都立川市錦町 ○丁目○番○号　MH共同ビル○○階 電話xx（xxxx）xxxx	⑧労働保険番号	府県 所掌 管轄 基幹番号 枝番号	－
③施設の設置年月日	令和3年 3月 23日	⑨社会保険の取扱い	健康保険法及び厚生年金保険の事業所とされているか　いる・いない	
④事業の種類	その他の各種事業	⑩各種帳簿の備付状況	労働者名簿・賃金台帳・出勤簿	
⑤従業員数	5（うち被保険者数 5　　）	⑪管轄公共職業安定所	立川　　　公共職業安定所	
⑥事業所番号	－　　　－	⑫雇用保険事務処理能力の有無	有・無	
⑬申請理由	本社にて人事労務管理を行っているため			

雇用保険の事業所番号を取得していない場合には空白でよい

2. 事業所

⑭事業所番号	1301－000000－1	⑱従業員数	30（うち被保険者数 30　　）
⑮名称	多田国際商事株式会社	⑲適用年月日	平成14年 8月 1日
⑯所在地	〒141-0032　東京都品川区大崎 ○丁目○番○号　STCビルディング○○階 電話○○（○○○○）○○○○	⑳管轄公共職業安定所	品川　　　公共職業安定所
⑰事業の種類	その他の各種事業	㉑備考	

上記1の⑤の人数は含めない

上記1の施設は、一の事業所として認められませんので承認されたく申請します。

令和 3年 3月 25日

立川　公共職業安定所長殿

住所　東京都品川区大崎○丁目○番○号
　　　　　　　　　　STCビルディング○○階

事業主（又は代理人）

氏名　代表取締役　多田智雄

記名押印又は署名　事業主印

（注）　社会保険労務士記載欄は、この届書を社会保険労務士が作成した場合のみ記入する。	社会保険労務士記載欄	作成年月日・提出代行者の表示	氏　　名	電話番号
			㊞	

※公共職業安定所記載欄

上記申請について協議してよろしいか。 年 月 日	所長	次長	課長	係長	係
調査結果　・場所的な独立性　有・無　・事務処理能力　有・無 　　　　　・経営上の独立性　有・無　・その他 　　　　　・施設としての持続性　有・無					

協議先	主管課・　　　　　安定所	協議年月日	年 月 日

下記のとおり決定してよろしいか。 年 月 日	所長	次長	課長	係長	係
協議結果　　　　適・否					
承認・不承認					

備考	決定年月日	年 月 日
	事業主通知年月日	年 月 日
	主管課報告年月日	年 月 日
	関係公共職業安定所連絡年月日	年 月 日

一括して事務手続きを行う事業所（本社等）について記入する

Q&A　事業所が増えた場合の一括の申請

Q1 労働保険以外で労基署へ届け出するものは、他にどのようなものがある？

A1 「適用事業報告」や「時間外労働・休日労働に関する協定届（通称36協定）」などがあります。

労基署への届け出には、労働保険の届け出の他に労働基準法の届け出もあります。労基法の適用事業所となったことの届け出である「適用 事業報告」、法定時間外労働や法定休日労働をさせても、法律違反にならなくするための届け出である「時間外労働・休日労働に関する協定届（通称36協定)」、10人以上の労働者がいる場合は就業規則の届け出が必要です。

Q2 継続事業の一括の認可を受けている支店等で労災が起きた場合、主に本社を管轄する労働基準監督署で手続きをするの？

A2 被災した従業員が働いている職場を管轄する労働基準監督署で手続きをします。

一括の扱いをされるのは、保険料関係の事務手続きに限られます。そのため、労災が発生した場合の必要な手続きは、被災した従業員が働いている職場を管轄する労働基準監督署で行います。

Q3 本社と工場では業種が違うため継続一括ができないので、労働保険番号が２つあります。業種が異なる場合、雇用保険も一括はできない？

A3 雇用保険は一括できます。

雇用保険に関する諸手続きは、本来事業所ごとに処理することになっていますが、独立した一つの事業所として認められないときは、主たる事業所で一括して事務手続きを行うことができます。

MEMO

（次頁に続く）　211

Q4 子会社を吸収合併した場合の手続きは？

A4 **下記のように手続きします。**
　①**社会保険について**
　子会社は全喪届を行い、元子会社の従業員を親会社の管轄
　の年金事務所で被保険者にする手続きをします。
　②**雇用保険について**
　被保険者の同一事業主の認定手続きをし、転勤の場合と同
　じように転入・転出の手続きをします。
　③**労働保険について**
　子会社において労働保険料の清算の手続きをします。

労働保険の事業所の手続きにおいて、「事業の種類」
の特定はとても重要な事項です。各事業所の主たる事
業が、労災保険率表に記載の「事業の種類」のどれに
該当するのかを特定する必要があります。この判断は
難しいので、成立届を提出する際には、労基署に具体
的な作業内容等を説明し、相談することをおすすめし
ます。

03 支店等を廃止する場合

事業所廃止の場合、継続事業の一括認可を受けている支店等は、継続事業一括取消申請書を労基署に提出します。一括の認可を受けていない場合は、廃止した日までの労働保険料を清算します。雇用保険は、適用事業所となっている場合、事業所廃止届とあわせて被保険者の喪失手続き等が必要となります。

Step1
必要書類の確認

労災保険
☐ 廃止した日までの労働保険料を清算する手続き

雇用保険
☐ 退職者の確認

Step2
提出書類

労災保険
＜継続事業一括認可されている場合＞
☐ 労働保険 継続事業一括取消申請書
＜継続事業一括認可されていない場合＞
☐ 確定保険料申告

雇用保険 **＜支店等が適用事業所となっている場合＞**
☐ 雇用保険適用事業所廃止届

Step3
提出先

労災保険
＜継続事業一括認可されている場合＞
本社等の指定事業を管轄する労働基準監督署
＜継続事業一括認可されていない場合＞
支店を管轄する労働基準監督署
雇用保険
支店を管轄するハローワーク

手続き終了後

（次頁に続く）

Step4

返却された
書類の処理

労災保険

＜継続事業一括認可されている場合＞

☐ 労働保険 継続事業一括取消申請書(控)⋯⋯⋯⋯ **会社保管**

＜継続事業一括認可されていない場合＞

☐ 確定保険料申告(控)⋯⋯⋯⋯⋯⋯⋯⋯⋯⋯⋯

雇用保険

＜支店等が適用事業所となっている場合＞

☐ 雇用保険適用事業所廃止届(控)⋯⋯⋯⋯⋯⋯⋯ **会社保管**

MEMO

▎労働保険 支店等を廃止するときの手続き

❶ 継続事業一括認可されている場合

　継続事業の一括認可を受けている支店等を廃止したとき
は、「労働保険継続事業一括取消申請書」を指定事業管轄の
労基署に提出します。

❷ 継続事業一括認可されていない場合

　廃止した日までの労働保険料を清算する手続きが必要にな
ります。

▎雇用保険 支店等を廃止するときの手続き

❶ 雇用保険の適用事業となっている支店等

　「雇用保険適用事業所廃止届」を提出するとともに、同時
に会社を退職する被保険者がいるときは被保険者資格喪失届
や離職証明書も提出します。他の事業所に異動する被保険者
がいるときは、被保険者転勤届を転出先の適用事業所の管轄
のハローワークに提出します。

❷ 雇用保険の事業所非該当承認されている支店等

　手続きは不要です。

● 労働保険 継続事業一括取消申請書

様式第5号(第10条関係)

労働保険
継続事業一括認可・追加・取消申請書

提出用

種別

3	1	6	4	0

帳票種別番号

①下記のとおり継続事業の一括に係る　新規認可の追加　許可の取消　の申請をします。

指定事業(本社等)について記入

指定を受けることを希望する事業又は既に指定を受けている事業

③労働保険番号
府県	所掌	管轄(1)		基幹番号				枝番号		
1	3	1	0	5	1	2	3	4	5	6	-	0	0	0

②申請年月日(元号:平成は7)
7	9	-	0	9	-	0	9	-	0	8

④所在地　東京都品川区大崎○丁目○番○号　STCビルディング○○階
郵便番号　141-0032
⑥保険関係成立の区分
(イ)労災・雇用
(ロ)労災
(ハ)雇用
⑦事業の種類(労災保険率表による)
その他の各種事業

⑤名称　多田国際商事株式会社
電話番号　xx (xxxx) xxxx

雇用保険の事業所番号を取得していない場合には空白でよい

申請書の指定事業

1

⑧労働保険番号
府県	所掌	管轄(1)		基幹番号				枝番号		
1	3	1	1	6	7	8	9	0	1	2	-	0	0	0

⑨認可コード
⑩管轄(2)
⑪整理番号

⑩所在地　東京都立川市錦町○丁目○番○号　ＭＨ共同ビル○○階
郵便番号　190-0022
⑫保険関係成立の区分
(イ)労災・雇用
(ロ)労災
(ハ)雇用
⑬事業の種類(労災保険率表による)
その他の各種事業

⑪名称　多田国際商事株式会社　立川事業所
電話番号　○○ (○○○○) ○○○

一括して事務手続きを行う事業所(本社等)について記入する

される又は一括を取消される事業

2

⑮労働保険番号
府県	所掌	管轄(1)		基幹番号				枝番号		
											-			

⑯認可コード
⑰管轄(2)
⑱整理番号

⑳所在地
郵便番号
㉑保険関係成立の区分
(イ)労災・雇用
(ロ)労災
(ハ)雇用
㉒事業の種類(労災保険率表による)

㉑名称
電話番号

3

⑲労働保険番号
府県	所掌	管轄(1)		基幹番号				枝番号		
											-			

⑪認可コード
⑫管轄(2)
⑬整理番号

㉑所在地
郵便番号
㉒保険関係成立の区分
(イ)労災・雇用
(ロ)労災
(ハ)雇用
㉓事業の種類(労災保険率表による)

㉑名称
電話番号

4

⑳労働保険番号
府県	所掌	管轄(1)		基幹番号				枝番号		
											-			

⑮認可コード
⑯管轄(2)
⑰整理番号

㉑所在地
郵便番号
㉒保険関係成立の区分
(イ)労災・雇用
(ロ)労災
(ハ)雇用
㉓事業の種類(労災保険率表による)

㉑名称
電話番号

㉓認可・取消年月日(元号:平成は7)
(元号)	-	(年)	-	(月)	-	(日)

㉔データ指示コード

㉙修正注目項

1. 新規申請
3. 追加の申請
9. 認可の取消し

東京　労働局長　　殿

事業主

住所　東京都品川区大崎○丁目○番○号
STCビルディング○○階
氏名　多田国際商事株式会社
代表取締役　多田智雄
(法人のときはその名称及び代表者の氏名)

記名押印　事業主
印

04 就業規則 制定・変更届について

常時10人以上の労働者を使用する事業場では、就業規則に定めた事項に変更があった場合には、それに合わせて就業規則を変更し、所轄の労働基準監督署長に届け出る必要があります。

	10名以上の支店がない場合	10名以上の支店がある場合(東京版)
Step1 必要書類の確認	☐ 制定(変更)届および意見書(届・控の2部)	☐ 制定(変更)届および本社の意見書(届・控の2部) ☐ 各支店・工場の意見書(届1部) ☐ 就業規則一括届出の対象事業場の一覧表(届2部)
Step2 提出書類の作成	☐ 制定(変更)届に代表者押印 ☐ 労働者代表の意見を聴き、意見書に記名・押印	☐ 制定(変更)届に代表者押印 ☐ 各事業所ごとに労働者代表の意見を聴き、意見書に記名・押印
Step3 労働基準監督署に提出	**管轄する労働基準監督署に提出** ☐ 制定(変更)届および意見書(届・控の2部) ☐ 就業規則本体(届・控の2部)	**本社を管轄する労働基準監督署に提出** ☐ 本社の就業規則届出書、意見書および就業規則本体(届・控の2部) ☐ 一括届出対象事業場一覧表(届・控の2部) ☐ 一括届出対象事業場の意見書(届1部) ☐ 一括届出対象事業場の就業規則本体(届・控の2部)

Step4 返却された書類の処理	労働基準監督署から返却された下記書類を会社で保管	労働基準監督署から返却された下記書類を東京労働局配送作業室に送付する
	☐ 制定(変更)届	☐ 一括届出対象事業場の意見書（各支店分）※1
	☐ 意見書	☐ 一括届出対象事業場一覧表※1
	☐ 就業規則本体	☐ 一括届出対象事業場の就業規則本体※2

※1 本社の労働基準監督署に提出後、返送されてきたもの
※2 本体は、各支店を管轄する労働基準監督署の数だけ送付

▌就業規則を制定・変更した場合

❶ 制定・変更届の提出について

　常時10人以上の労働者を使用する事業場において、就業規則を制定・変更した場合には、労働者の代表の意見を聴き、その者の署名又は記名押印のある書面（意見書）を添付して、本店、支店等の事業場ごとに、それぞれの所在地を管轄する労働基準監督署長に届け出る必要があります。

❷ 労働者代表の意見を聴くとは

　「意見を聴く」とは、文字通り意見を求める意味であって、同意を得るとか協議を行うことまで要求しているものではありません。また、事業主としては、法的にはその意見に拘束されるものではありません。

　しかし、労働条件は、労使対等の立場で決定するのが原則なので、あくまでも一方的に決めようとするのではなく、労働者代表の意見については、できる限り尊重することが望ましいといえます。

▌就業規則の一括届出制度について

❶ 就業規則一括届出制度とは

　本社以外に支店等があって、それぞれの場所で就業規則を届出るのは面倒です。本社や支店で同一の就業規則で運用している場合は、本社で一括して届出ることができます。

MEMO

（次頁に続く）　　217

ONE POINT

労働者代表の選出方法

投票・挙手の他、職場ごとに職場の代表者を選出し、これらの者の過半数の支持を得た者を選出する方法があります。

一覧の作成の仕方について（一括届）

一覧表の余白に「変更前の各支店の就業規則は変更前の本社の就業規則と同一の内容です」と、記載します。

36協定の一括について

単一組織の過半数労働組合がある場合には、36協定についても本社で一括して届出をすることができます。

❷ **就業規則一括届出の仕方**

（1）事業所の数と同じ部数の就業規則を用意すること（ただし、同じ監督署管轄内に複数の事業場がある場合、就業規則は監督署ごとに一部を提出します）

（2）それぞれの事業所の意見書を添付すること（一括して届け出る場合でも、それぞれの事業所で過半数代表者の意見を聴く必要があります）

（3）各事業所の名称、所在地および所轄労働基準監督署名がわかる一覧を作成すること

（4）本社の所在地を管轄する労働基準監督署に、変更届および上記（1）〜（3）の書類を提出する

事業場を所轄する監督署は、厚生労働省のホームページで確認してください。

就業規則制定・変更一括の届出

● 就業規則変更届

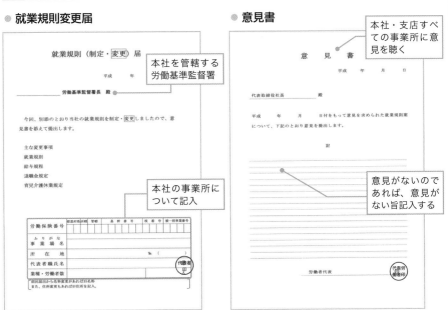

本社を管轄する
労働基準監督署

本社の事業所に
ついて記入

● 意見書

本社・支店すべ
ての事業所に意
見を聴く

意見がないので
あれば、意見が
ない旨記入する

● 就業規則一括届出の対象事業場の一覧表

○○支店

支店を管轄する
労働基準監督署

支店の所在地

Q&A 就業規則の届出について

こんなときどうする？

Q1 就業規則を作成・変更し、届出をしない場合、罰則はある？

A1 **労基法第120条により30万円以下の罰金となります。**

常時10人以上の労働者を使用する使用者は、就業規則を作成・変更した場合、必ず労働基準監督署に届出なければなりません。「常時10人以上の労働者を使用する」とは、常態として10人以上の労働者を使用しているという意味であり、稼働人数ではなく在籍者数で判断されます。その対象としては、パートタイマーや出向社員や、休職中の者も在籍者数に含みますが、派遣労働者は含みません。

Q2 労働者の過半数代表者の選任方法は？

A2 **管理監督者以外から公平な方法で選出します。**

管理監督者でないことはもちろんですが、従業員代表を選出するということを明らかにして、投票や挙手等の方法によって、従業員の中から公正に選出します。

Q3 就業規則の作成・変更において、法令を下回る部分も受理印があれば有効？

A3 **無効です。**

就業規則変更届が受理されたとしても、労働基準監督署の立場としては、労働条件の最低基準である労働基準法を下回る部分は無効であることを前提に受理しましたよ、という印を押しているにすぎず、その印をもって就業規則の内容が適法であるということを保証したものではありません。

Q4 就業規則の本社一括届出の事務処理の流れは全国同じ？

A4 **都道府県により異なります。**

各都道府県により、本社一括届出の事務処理方法は異なるので、まずは本社管轄の労働基準監督署に確認のうえ、届出を行ってください。

付　録

必携！各種手続き
お役立ちチェックシート

＋文書集

- 60歳到達（継続雇用時）のチェックシート
- 従業員が結婚したときのチェックシート
- 出産・育児休業時チェックシート
- 退職手続きチェックシート
- 入社手続きチェックシート
- 扶養手続きチェックシート
- 住所・氏名・生年月日変更チェックシート
- 結婚にあたり必要な書類のご案内
- 60歳到達（継続雇用時）による手続きに必要な書類のご案内
- 従業員情報変更にあたり必要な書類のご案内
- 出産・育児休業に必要な書類のご案内
- 入社手続きに必要な書類のご案内
- 退職手続きに必要な書類のご案内
- 扶養異動手続きに必要な書類のご案内

● 60歳到達（継続雇用時）のチェックシート

社員番号		所属								
氏名		生年月日	昭和 平成		年	月	日	性別	男 ・ 女	
基礎年金 番号		雇用保険 番号								

60 歳到達（継続雇用時）に必要な手続き

手続き書類	役所への 提出日	手続き 完了日	参照頁	備考
□ 雇用保険被保険者六十歳到達時等賃金証明書	/	/		
□ 高年齢雇用継続給付受給資格確認票・ （初回）高年齢雇用継続給付支給申請書	/	/		
● 60歳以後に給料が下がり同日得喪をするとき				
□ 健康保険・厚生年金保険被保険者資格喪失届	/	/		
□ 健康保険・厚生年金保険被保険者資格取得届	/	/		
● 被扶養者がいる場合は以下の書類も必要				
□ 健康保険被扶養者（異動）届	/	/		
□ 国民年金第3号被保険者関係届（60歳未満の配偶者）	/	/		
□ 被扶養者にかかる各種添付書類	/	/		

手続き完了後

従業員へ交付するもの	交付日	備考
□ 高年齢雇用継続給付支給確認（否認）通知書	/	
□ 健康保険被保険者証（保険証が差替えになります）	/	

その他チェック事項
□ 60歳時点の賃金の75％未満に該当する場合、2か月ごとに申請
□
□
□
□
□
□

● 従業員が結婚したときのチェックシート

氏名		生年月日	昭和 平成　年　月　日	性別	男・女
住所			TEL　（　　　）		
婚姻日	令和　年　月　日	新氏名 （変更の場合）			
新住所 （変更の場合）	〒				
			TEL　（　　　）		

結婚時に必要な手続き

手続き書類	役所への 提出日	手続き 完了日	参照頁	備考
● 結婚して従業員の氏名が変更になったとき				
□【健保組合・基金の場合】 　健康保険・厚生年金保険被保険者氏名変更 　（訂正）届	／	／		
● 結婚して住所が変更になったとき				
□【健保組合・基金の場合】 　健康保険・厚生年金保険被保険者住所変更 　（訂正）届	／	／		
● 配偶者を扶養に入れるとき				
□ 健康保険被扶養者（異動）届	／	／		
□ 国民年金第3号被保険者関係届	／	／		
□ 被扶養者にかかる各種添付書類	／	／		

手続き完了後

従業員へ交付するもの	交付日	備考
□ 健康保険被保険者証（本人、配偶者分）	／	

その他チェック事項
□ 配偶者の扶養の有無を確認すること
□ 家族手当等を支給している場合は手当金額の変更を確認すること
□ 住所、氏名変更のときは社内名簿、住所録などの変更をすること
□ 新しい氏名の名刺・社員証を発行すること
□ 住所が変更になったときは、通勤経路申請届の申請、通勤手当の変更をすること
□ 給与取得者の扶養控除等（異動）申告書の提出をすること
□ 氏名変更のときは給与振込口座の名義変更をすること

● 出産・育児休業時チェックシート

社員番号			所属							
氏名			生年月日	昭和 平成	年　　月　　日			性別	男　・　女	
住所	〒					TEL　　（　　　　　）				
入社年月日	昭和 平成	年　月　日	雇用区分	正社員・パートタイマー・日雇い・その他						
出産予定日	年　月　日		出産日	年　月　日			育児休業 開始日	年　　月　　日		

出産・育児休業時に必要な手続き

手続き書類	役所への 提出日	手続き 完了日	参照頁	備考
● 産後休業期間中				
□【出生した子を扶養する場合】 健康保険被扶養者(異動)届	/	/		
□【直接支払制度を利用しない場合】 　健康保険出産育児一時金支給申請書	/	/		
□ 産前産後休業取得者申出書	/	/		
● 育児休業期間中				
□ 健康保険出産手当金支給申請書	/	/		
□ 健康保険・厚生年金保険育児休業等取得者申出書	/	/		
□【休業を延長する場合】 　健康保険・厚生年金保険　育児休業等取得者申出書	/	/		
□ 雇用保険被保険者休業開始時賃金月額証明書	/	/		
□ 育児休業給付受給資格確認票	/	/		
□ 育児休業給付金支給申請書	/　　/ /　　/	/　　/ /　　/		2か月ごと に申請
□【休業を延長する場合】育児休業給付金支給申請書	/			11欄に記載
● 育児休業終了後(社会保険)				
□【予定期間に変更があった場合】育児休業等取得者終了届	/	/		
□【賃金が下がった場合】養育期間標準報酬月額特例申出書	/	/		
□【賃金が変動した場合】育児休業等終了時報酬月額変更届	/	/		

手続き完了後

従業員へ交付するもの	交付日	備考
□（出生した子の）健康保険被保険者証	/	
□ 育児休業給付金支給決定通知書	/　　/ /　　/	

	その他チェック事項
☐	休業前に「産前産後休業申出書」「育児休業申出書」の提出があること
☐	【慶弔見舞金規程の支給用件に該当する場合】出産祝い金を支給すること

● 退職手続きチェックシート

氏名		生年月日	昭和 平成	年	月	日	性別	男 ・ 女
退職後の住所	〒				TEL	(		)

退職時に必要な手続き

手続き書類	役所への 提出日	手続き 完了日	参照頁	備考
☐ 健康保険厚生年金保険　被保険者資格喪失届	/	/		
☐ 【健康保険証紛失の場合】 健康保険被保険者証回収不能・滅失届	/	/		
☐ 雇用保険　被保険者資格喪失届	/	/		
☐ 【離職票を作成する場合】 雇用保険被保険者離職証明書	/	/		

手続き完了後

従業員へ交付するもの	交付日	備考
☐ 【離職票交付がない場合】 雇用保険　資格喪失確認通知書	/	
☐ 雇用保険被保険者　離職票-1	/	
☐ 雇用保険被保険者　離職票-2	/	

	その他チェック事項
☐	離職票作成時、時給及び日給制の場合は、出勤簿を準備すること
☐	離職票作成時、契約期間満了で退職する場合は、雇用契約書を準備すること（雇用契約期間が、3年未満の場合には最後の契約書のみ）
☐	本人から請求があった場合には、退職証明書を交付する
☐	健康保険証は必ず家族分も含めて回収する
☐	退職願を必ず受理する
☐	退職後の住所を必ず確認する
☐	源泉徴収票を送る
☐	最後の保険料の徴収を間違いないようにする
☐	
☐	

● 入社手続きチェックシート

社員番号		所属	
氏名		生年月日	昭和 平成　　年　　月　　日 　性別　　男 ・ 女
住所	〒　　　　　　　　　　　　　　　　　　TEL　　（　　　）		
入社年月日	令和　　年　　月　　日	雇用区分	正社員・パートタイマー・日雇い・その他
基礎年金 番号	－	雇用保険 番号	－　　　　－

入社時に必要な手続き

手続き書類	役所への 提出日	手続き 完了日	参照頁	備考
□ 健康保険厚生年金保険　被保険者資格取得届	／	／		
□【年金手帳がない場合】年金手帳再交付申請書	／	／		
□ 雇用保険　被保険者資格取得届	／	／		
□【雇用保険被保険者証がない場合】 　被保険者証再交付申請書	／	／		
● 被扶養者がいる場合は以下の書類も必要です				
□ 健康保険　被扶養者異動届	／	／		
□ 国民年金第3号被保険者関係届	／	／		
□ 被扶養者にかかる各種添付書類	／	／		

手続き完了後

従業員へ交付するもの	交付日	備考
□ 健康保険被保険者証（本人分、家族分）	／	
□ 年金手帳	／	
□ 雇用保険被保険者証	／	

その他チェック事項
□（雇用保険証紛失の場合）資格取得届の備考欄に前職を記入すること
□（外国人の場合）在留資格などを確認すること
□ 会社所定の書類を受領すること（誓約書、銀行振込同意書、通勤届、身元保証書など）
□ 所得税の計算のため、扶養控除申告書の提出を受けること
□ その年に他の会社で勤めていた場合、前職の源泉徴収票を提出すること
□
□
□

● 扶養手続きチェックシート

社員番号			所属	
社員氏名			雇用区分	正社員・パートタイマー・日雇い・その他
家族氏名		男/女	生年月日	昭和 平成 令和　年　月　日　続柄
家族氏名		男/女	生年月日	昭和 平成 令和　年　月　日　続柄
家族氏名		男/女	生年月日	昭和 平成 令和　年　月　日　続柄

扶養届に必要な手続き

手続き書類	役所への提出日	手続き完了日	参照頁	備考
●扶養家族が増えたとき				
□ 健康保険　被扶養者（異動）届	/	/		
□ 国民年金第3号被保険者資格取得届	/	/		
□ 被扶養者にかかる各種添付書類	/	/		
●扶養家族が減るとき				
□ 健康保険　被扶養者（異動）届	/	/		
□ 国民年金第3号被保険者関係届	/	/		
□ 健康保険被保険者証	/	/		

手続き完了後

従業員へ交付するもの	交付日	備考
□ 健康保険被保険者証（家族分）	/	

その他チェック事項
□ 扶養基準の確認
□ 所得税の計算のため、扶養控除申告書の提出を受けること（給与計算の変更）
□ 家族手当の変更（給与計算の変更）
□
□
□

● 住所・氏名・生年月日変更チェックシート

氏名		生年月日	昭和 平成	年	月	日	性別	男 ・ 女

【変更内容】

新氏名		生年月日	昭和 平成	年 月 日
新住所	〒			TEL　（　　　　　）

変更時に必要な手続き

手続き書類	役所への 提出日	手続き 完了日	参照頁	備考
●従業員の住所が変更になったとき				
□【健保組合・基金の場合】 　健康保険・厚生年金保険被保険者住所変更届	/	/		
□【3号被保険者がいるとき】 　国民年金第3号被保険者住所変更届	/	/		
●従業員の氏名が変更になったとき				
□【健保組合・基金の場合】 　健康保険・厚生年金保険被保険者氏名変更（訂正）届	/	/		
●従業員の生年月日を訂正するとき				
□ 健康保険・厚生年金保険被保険者生年月日訂正届	/	/		
□ 雇用保険被保険者資格取得・喪失等届訂正・取消願	/	/		

手続き完了後

従業員へ交付するもの	交付日	備考
□ 健康保険被保険者証（氏名・生年月日を訂正するため）	/	
□ 年金手帳（生年月日訂正のときの添付書類になります） ※ 氏名変更のときは総務担当者が訂正してください。	/	

その他チェック事項
□ 従業員名簿、住所録などの変更をすること
●住所変更のとき
□ 住民票などで新しい住所の確認をすること
□ 通勤経路申請届の申請、通勤手当の変更をすること
□ 住宅手当を支給しているとき、金額変更があるかの確認をすること
●氏名変更のとき
□ 新しい氏名の名刺・授業員証を発行すること
□ 給与振込口座の名義変更をすること
□

結婚にあたり必要な書類のご案内

令和　　年　　月　　日

_____ 殿

　結婚にかかわる各種手続きにあたり、下記の書類が必要となりますので、

_____ 月　　日までにご提出をお願いします。期限までに書類が用意できない場合は、早めに申し出てください。

記

1. 扶養手続きのために必要な以下の書類（丸をつけたものをお持ちください）

		書類名	総務確認欄
①		住民票	
②		戸籍謄本	
③		非課税証明書	
④		扶養に入る人の勤務先の給与明細（3カ月分）	
⑤		雇用保険受給資格者証のコピー	
⑥		年金証書のコピー	
⑦		預金通帳のコピー	
⑧		在学証明書	
⑨		配偶者の年金手帳のコピー（基礎年金番号がわかるページ）	
⑩		給与取得者の扶養控除等（異動）申告書	

2. 氏名変更のために必要な書類（丸をつけたものをお持ちください）

		書類名	総務確認欄
①		健康保険被保険者証	
②		社員証	
③		名刺作成申請書	

3. 住所変更のために必要な書類（丸をつけたものをお持ちください）

		書類名	総務確認欄
①		通勤経路申請書	
②		通勤手当変更申請書	

4. その他の書類

　　◎

　　◎

以上

60歳到達（継続雇用時）による手続きに必要な書類のご案内

令和　　年　　月　　日

＿＿＿＿＿＿＿＿＿＿＿＿　殿

　　年齢が60歳到達にかかわる各種手続きにあたり、下記の書類が必要となりますので、＿＿月＿＿日までにご提出をお願いします。期限までに書類が用意できない場合は、早めに申し出てください。

記

1. 健康保険被保険者証（被扶養者様分も含む）：ない場合はその旨を申し出てください。

2. 年齢が確認できる書類（運転免許証、住民票記載事項証明書など）

3. 通帳のコピー（表紙および2ページ目の支店名、口座名、口座番号が記載された頁）

4. その他の書類
　　◎記載内容に関する確認書・申請等に関する同意書
　　◎
　　◎

以上

従業員情報変更にあたり必要な書類のご案内

令和　　年　　月　　日

＿＿＿＿＿＿＿＿＿＿　殿

　　従業員変更（住所・氏名）変更にかかわる各種手続きにあたり、下記の書類が必要となりますので、＿＿月＿＿日までにご提出をお願いします。期限までに書類が用意できない場合は、早めに申し出てください。

記

1.　氏名変更のために必要な書類（丸をつけたものをお持ちください）

	書類名	総務確認欄
①	健康保険被保険者証	
②	社員証	
③	名刺作成申請書	

2.　住所変更のために必要な書類（丸をつけたものをお持ちください）

	書類名	総務確認欄
①	通勤経路申請書	
②	通勤手当変更申請書	

3.　その他の書類

　　　　◎
　　　　◎
　　　　◎

以上

出産・育児休業に必要な書類のご案内

令和　　年　　月　　日

_____ 殿

　　出産・育児休業にかかわる各種手続きにあたり、下記の書類が必要となりますので、出産日後　　　日までにご提出をお願いします。期限までに書類が用意できない場合は、早めに申し出てください。

記

1. 雇用保険被保険者休業開始時賃金月額証明書　※２枚に捺印
   育児休業給付受給資格確認票　※ 申請者氏名・捺印
   ◎記載内容に関する確認書・申請等に関する同意書
2. 育児を確認できる書類（母子健康手帳の出生届出済証明欄のコピーなど）

3. 通帳のコピー（表紙および２ページ目の口座名・口座番号などが記載されたページ）

4. 健康保険出産手当金支給申請書
   ※ 必ず医師または助産師の証明を受けること。

5. （直接支払制度を利用しない場合）出産育児一時金支給申請書
   ※ 必ず医師または助産師、市区町村長の証明を受けること。
   〔添付書類〕
   ① 医療機関などから交付される出産費用の領収・明細書のコピー
   ② 医療機関などから交付される直接支払制度に係る代理契約に関する文書のコピー

6. 慶弔見舞金支給申請書

以上

● **入社手続きに必要な書類のご案内**

入社手続きに必要な書類のご案内

令和　　年　　月　　日

＿＿＿＿＿＿＿＿＿＿＿＿　殿

　　入社にかかわる各種手続きにあたり、下記の書類が必要となりますので、
＿＿＿月＿＿日までにご提出をお願いします。期限までに書類が用意できない場
合は、早めに申し出てください。

記

1.　年金手帳：ない場合はその旨を申し出てください。

2.　雇用保険被保険者証：ない場合はその旨を申し出てください。

3.　扶養手続きのために必要な以下の書類（丸をつけたものをお持ちください）

		書類名	総務確認欄
①		住民票	
②		戸籍謄本	
③		非課税証明書	
④		扶養に入る人の勤務先の給与明細（3か月分）	
⑤		雇用保険受給資格者証のコピー	
⑥		年金証書のコピー	
⑦		在学証明書	
⑧		配偶者の年金手帳のコピー（基礎年金番号がわかるページ）	
⑨		送金証明（3か月分）	
⑩		雇用契約書のコピー	

4.　源泉徴収票：今年別会社で勤めていた場合は、退職時に交付されたものをお
　　持ちください。

5.　給与所得者の扶養控除等申告書

6.　その他の書類

　　　　　◎
　　　　　◎
　　　　　◎

以上

付　録

必携！　各種手続きお役立ちチェックシート ＋文書集

退職手続きに必要な書類のご案内

令和　　年　　月　　日

_____　殿

　　退職にかかわる各種手続きにあたり、下記の書類が必要となりますので、
　　　月　　　日までにご提出をお願いします。期限までに書類が用意できない場合は、早めに申し出てください。

記

1. 健康保険証：ない場合はその旨を申し出てください。

2. 従業員証

3. 名刺（当社における仕事で受け取ったものも含みます）

4. 制服

5. 事務用品、書籍など社費で購入したもの

6. その他の書類
　　◎
　　◎
　　◎

以上

扶養異動手続きに必要な書類のご案内

令和　　年　　月　　日

_____　殿

　　扶養異動にかかわる各種手続きにあたり、下記の書類が必要となりますので、
　　　月　　日までにご提出をお願いします。期限までに書類が用意できない場
合は、早めに申し出てください。

記

1. 扶養手続きのために必要な以下の書類（丸をつけたものをお持ちください）

		書類名	総務確認欄
①		健康保険証	
②		住民票	
③		戸籍謄本	
④		非課税証明書	
⑤		扶養に入る人の勤務先の給与明細（3か月分）	
⑥		雇用保険受給資格者証のコピー	
⑦		年金証書のコピー	
⑧		在学証明書	
⑨		配偶者の年金手帳のコピー（基礎年金番号がわかるページ）	
⑩		雇用契約書のコピー	
⑪		送金証明（3か月分）	
⑫		給与所得者の扶養控除等（異動）申告書	

2. その他の書類

　　　◎
　　　◎
　　　◎

以上

索　引

◉ 用紙が検索しやすい！
❶フルネームから探せます。
「健康保険 被扶養者（異動）届」
❷省略した呼び方からも探せます。
「被扶養者（異動）届」

さ行

新版 やりたいことがスッキリわかる
社会保険・労働保険の届け出と事務手続き

2021年12月20日 初版第1刷発行

著　者　　多田智子
発行人　　柳澤淳一
編集人　　久保田賢二
発行所　　株式会社　ソーテック社
　　　　　〒102-0072 東京都千代田区飯田橋4-9-5　スギタビル4F
　　　　　電話：販売部 03-3262-5320
　　　　　FAX：　　　03-3262-5326
印刷所　　大日本印刷株式会社

©TOMOKO TADA 2021, Printed in Japan
ISBN978-4-8007-2096-2